人力资源管理信息系统项目管理

主　编　夏　浩　李　敏　马子裕
副主编　李瑞雪　杜慧华　夏　宾

北　京
冶金工业出版社
2022

内容提要

本书选取某职业病防治研究院人力资源管理信息系统和某事业单位综合管理系统为主要案例，结合信息系统项目管理的实践经验，从人力资源管理信息系统项目管理全生命周期的视角进行剖析、研究。内容主要包括：人力资源管理信息系统概述，人力资源管理信息系统案例，人力资源管理信息系统项目管理概述，人力资源管理信息系统项目的立项管理、整体管理、范围管理、进度管理、成本管理、质量管理、人力资源管理、沟通管理、风险管理和采购管理，以及人力资源管理信息系统项目管理展望等。全面阐述了项目管理的知识体系在人力资源管理信息系统项目管理中的应用，目的是帮助读者对信息系统项目管理能够有一个整体、具象的认识，以指导本单位信息系统项目管理实践。

本书可供从事人力资源管理的相关人员阅读，也可供大专院校相关专业师生参考。

图书在版编目(CIP)数据

人力资源管理信息系统项目管理／夏浩，李敏，马子裕主编．—北京：冶金工业出版社，2022.10

ISBN 978-7-5024-9277-9

Ⅰ.①人…　Ⅱ.①夏…　②李…　③马…　Ⅲ.①企业管理—人力资源管理—管理信息系统—研究　Ⅳ.①F272.92

中国版本图书馆 CIP 数据核字(2022)第 174699 号

人力资源管理信息系统项目管理

出版发行	冶金工业出版社	**电　话**	(010)64027926
地　址	北京市东城区嵩祝院北巷 39 号	**邮　编**	100009
网　址	www.mip1953.com	**电子信箱**	service@mip1953.com

责任编辑　戈　兰　郭雅欣　美术编辑　彭子赫　版式设计　孙跃红

责任校对　石　静　责任印制　李玉山　窦　唯

三河市双峰印刷装订有限公司印刷

2022 年 10 月第 1 版，2022 年 10 月第 1 次印刷

710mm×1000mm　1/16；12.25 印张；238 千字；181 页

定价 69.00 元

投稿电话　(010)64027932　投稿信箱　tougao@cnmip.com.cn

营销中心电话　(010)64044283

冶金工业出版社天猫旗舰店　yjgycbs.tmall.com

(本书如有印装质量问题，本社营销中心负责退换)

前　言

党的十八大以来，以习近平同志为核心的党中央高度重视以信息化智能化推进国家治理体系和治理能力现代化，强调要加快推动电子政务，打通信息壁垒，构建全流程一体化信息系统，助力建设人民满意的服务型政府。事业单位是建设、管理和运用信息系统的主体力量，许多省市事业单位积极探索，深入推进“互联网+业务管理”，加强信息共享，优化管理流程，极大提高了工作效率和管理效能。

本书根据团队近年信息系统项目管理的实际经验，选取某职业病防治研究院人力资源管理信息系统和某事业单位综合管理系统为主要案例，从信息系统管理全生命周期的视角进行系统剖析，研究撰写。人力资源管理信息系统，是以人力资源管理业务为主线，由计算机及其相关的设备、网络设施构成的，对人力资源管理产生和需要的各类信息进行输入、存储、处理、输出和控制的人机系统。系统功能主要包括机构编制管理、岗位管理、招聘管理、薪酬管理、社保管理、绩效管理、考勤管理、培训管理、合同管理、档案管理等，覆盖人力资源管理业务全流程各环节。本书在阐述信息系统项目管理基本理论的基础上，全面阐述了人力资源管理信息系统项目管理的各知识领域，目的是使读者对信息系统项目管理能够有一个整体认识，以指导本单位信息系统项目管理实践。

本书由李珏、李敏总策划，夏浩、李敏和马子裕担任主编，李瑞雪、杜慧华和夏宾担任副主编。参加编写人还有谢璞、曲直、刘小刚、孙涛、董沫杉、李霁。书稿在研究撰写的过程中参考了许多高水平高质量的书籍和资料，在此对这些参考文献的作者表示诚挚的感谢。同时，特别感谢冶金工业出版社在本书的策划、选题、申报、撰写、编辑和出版等方面给予的大力支持和无私帮助。

作　者

2022 年 9 月

目　录

第一章　人力资源管理信息系统概述

现代人力资源管理最显著的时代特征是利用信息系统提质增效。这是人力资源管理的重大变革。人力资源管理信息系统，是一项复杂的社会和技术工程，无论是内容、规模和结构，还是技术、模型、业务和流程，都在不断地发展和创新，加强人力资源管理信息系统研究，对于提高人力资源管理信息系统的建设、管理和运用水平、增强对人力资源管理信息系统项目管理认知具有重要意义。

一、信息系统的概念

系统是由相互联系、相互依赖、相互作用的要素或者活动组成的具有整体功能和综合行为的统一体。系统离我们并不陌生，甚至与我们息息相关。我们经常使用“系统”的概念有很多，文化领域的知识系统，经济领域的金融系统，法学界的立法系统，自然界的生态系统，军事领域的作战系统等。系统论告诉我们，系统是由许多相互作用、相互依存的要素，为了达到某个目标组成的集合。这就要求，研究系统，需要宏观的、联系的、泛在的视角，需要从要素、目的和联系三个方面进行分析。

（一）信息系统

信息系统从工作原理上看，是指输入数据，通过加工处理，产生信息的系统；从系统构成看，是指由计算机及其相关的设备、网络设施构成的人机系统；从管理视角看，是指结合管理理论和方法，应用信息技术解决管理问题，为管理决策提供支持的系统。综上所述，信息系统是指按照一定的应用目标和管理规则，对信息进行输入、存储、处理、输出和控制的人机系统。

可见，管理规则、信息处理模型、系统实现的基础条件三者的结合，才能够产生现实信息系统。其中，管理规则指系统服务对象领域的专门知识，以及分析和处理该领域现实问题的模型，也称为对象的处理模型。信息处理模型指系统处理信息的结构和方法。系统实现的基础条件指可供应用的信息技术、硬件设施以及从事对象领域工作的人员等。三者相互作用，缺一不可。管理模型中的理论和分析方法，在信息处理模型中转化为信息输入、存储、处理、输出和控制的规则。系统实现的基础条件为信息系统有效运行提供支撑。

（二）人力资源管理信息系统

人力资源管理即现代人事管理，它是对人力资源的获取、开发、保持和利用等方面所进行的计划、组织、指挥和控制的活动，是通过协调社会劳动组织中的人与事的关系和共事人的关系，以充分开发人力资源，挖掘人的潜力，调动人的积极性，提高工作效率，实现组织目标的理论、方法、工具和技术。

人力资源管理信息系统，是指集合人力资源管理理论和方法，应用信息技术解决人力资源管理问题，为人力资源管理决策提供支撑的人机系统。人力资源管理信息系统服从服务于人力资源管理，是人力资源管理的技术手段支撑。这种依从关系，决定了人力资源管理信息系统从属于人力资源管理，也决定了人力资源管理信息系统的价值，主要在于为人力资源管理提供及时、全面、有效的服务。同时，人力资源管理的发展也牵引着人力资源管理信息系统的发展。

二、信息系统的功能

信息系统具有信息的输入、传输、存储、处理、输出等基本功能，在人力资源管理背景下，也会根据人力资源管理的层次、业务具备特定的功能。

（一）信息系统的基本功能

信息系统的基本功能，主要包括信息的输入、传输、存储、处理和输出等。

信息的输入：信息的输入主要来源于三个方面，一是由职能部门管理者识别和输入；二是由系统维护者进行识别和输入；三是由职能部门的管理对象进行基本信息输入，再由职能部门管理者进行修正、完善和补充。

信息的传输：信息的传输包括计算机系统内传输和系统外传输，实质是信息通信。这里涉及信源、编码、信道、译码、信宿等知识。其中，信源即是信息的来源，编码是指把信息变成信号。所谓码，是指按照一定规则排列起来的、适合在信道上传输的符号序列。信道就是信息传递的通道，是传输信息的媒介，信道的关键问题是信道的容量。译码是编码的反变换，其过程与编码相反。信宿即是信息的接收者，可以是人、机器或者另一个信息系统。

信息的存储：信息存储的设备目前主要指各类计算机存储器。对信息存储设备的一般要求是存储容量大且价格适宜。信息存储，需要处理的主要问题是确定存储哪些信息、存储多长时间、以什么方式存储、经济上是否合算等，这些问题都要根据系统的目标和要求确定。

信息的处理：信息处理的范围很大，从简单的查询、排序、归并到负责的模型调试及预测。

信息的输出：信息输出是让信息与用户产生联系的关键，是信息处理结果的反映，目的是为提高信息运用价值和管理效能进行服务。

信息的维护：信息的维护包括经常更新存储器中的数据，使数据保持合用的状态。广义上来讲，信息维护包括系统建成后的全部数据管理工作。信息维护的主要目的在于保证信息的准确、及时、安全和保密。

（二）人力资源管理信息系统的特定功能

从业务视角分析，人力资源管理信息系统，应当具备人力资源管理特定的功能。主要包括组织规划功能、岗位分析功能、招聘管理功能、薪酬管理功能、绩效管理功能、培训管理功能等。

组织规划功能主要是通过信息系统完成用人规划、确定人员结构，向事业单位领导班子提出合理的人力资源发展规划建议。

岗位分析功能主要是通过信息系统研究本单位的每一个工作岗位，进行岗位画像，全面把握单位内每个岗位的能力要求与人员素质之间的匹配关系，为事业单位领导班子发现人才、选拔人才提供支撑。

招聘管理功能主要是通过信息系统分析岗位空缺、发布招聘计划、实施招聘等，始终保持人才队伍梯队建设的健康发展。

薪酬管理功能主要是通过信息系统科学配置员工薪资、福利和保险，开展薪酬调查，合理设置岗位工资，为实现一岗一薪，形成正向激励提供支撑。

绩效管理功能主要是通过信息系统收集、分析、评价和传递有关员工工作行为和工作结果等信息，为实施岗位配置、人员培训、薪酬调整提供支撑。

培训管理功能主要是通过信息系统分析培训需求、拟制培训计划、确定培训内容和形式，为提高员工工作效率、改善单位人员素质、整合利用优秀人才提供支撑。

以上这些功能，是人力资源管理信息系统的主要特定功能，根据业务需要还可能有社保管理、考勤管理、合同管理、档案管理等功能，具体的功能设计将在第二章进行系统阐述。

三、信息系统的建设

信息系统建设周期长、投资大、维护成本高，比一般技术工程项目有更大的难度和复杂性。这是由信息系统实现技术复杂、管理对象多样、业务流程错综、功能迭代较快等因素所决定的。

（一）信息系统生命周期

信息系统在使用过程中，随着其外部环境的变化特别是业务工作管理模型的发展，需要不断维护、修改和完善，当它不再适应的时候就会被淘汰，就要由新系统代替老系统。这种周期循环称为信息系统的生命周期。

信息系统的生命周期可以分为系统规划、系统分析、系统设计、系统实施、系统运行和维护 5 个阶段。信息系统的生命周期示意图如图 1-1 所示。

图 1-1　信息系统的生命周期示意图

1. 信息系统的规划阶段

信息系统的规划阶段，主要任务是对事业单位人力资源管理的环境、目标及现行系统的状况进行初步调查，根据人力资源管理目标和发展战略，确定信息系统的发展战略，对建设新系统的需求做出分析和预测，同时考虑建设新系统所受的各种约束，研究建设新系统的必要性和可行性。根据需要与可能，给出拟建系统的备选方案。对这些方案进行可行性分析，拟制可行性分析报告。可行性分析报告审议通过后，将新系统建设方案及实施计划编写成系统设计任务书。

2. 信息系统的分析阶段

信息系统的分析阶段，主要任务是根据系统设计任务书所确定的范围，对现行系统进行详细调查，描述现行系统的人力资源管理业务流程，指出现行系统的局限性和不足，确定新系统的基本目标和逻辑功能要求，即提出新系统的逻辑模型。这个阶段又称为逻辑设计阶段。这个阶段是整个系统建设的关键阶段，也是人力资源管理信息系统建设与一般技术工程项目的重要区别所在。系统分析阶段的工作成果体现在信息系统使用手册上，这是系统建设的必备文件。它既用于人力资源管理的内部培训，也是下一个阶段的工作依据。因此，信息系统使用手册既要通俗，又要准确。用户通过信息系统使用手册可以了解未来系统的功能，判断是不是所要求的系统。信息系统使用手册一旦审核通过，就是系统设计的输入，也是将来验收系统的输入。

3. 信息系统的设计阶段

信息系统的设计阶段，主要任务是根据信息系统使用手册中明确的功能要求，考虑实际条件，具体设计实现逻辑模型的技术方案，也就是设计新系统的物理模型。这个阶段又可分为总体设计和分系统设计两个阶段。

4. 信息系统的实施阶段

信息系统的实施阶段，主要任务是计算机等硬件设备的购置、安装和调试、管理系统等软件的开发和调试、人员培训、数据文件转换等。这个阶段的特点是几个互相联系、互相制约的任务同时展开，必须精心安排、合理组织。系统实施是按实施计划分阶段完成的，每个阶段应写出实施进展报告。系统测试之后写出系统测试分析报告。

5. 信息系统的运行和维护阶段

信息系统的运行和维护阶段，主要任务是进行使用、维护和评价，记录系统运行情况，根据实际情况和一定的规则对系统进行必要的修改，评价系统的工作质量和经济效益。

除技术人员外，信息系统建设的各个阶段需要有人力资源管理业务人员的参加配合。建设前期需要用户配合系统分析人员做好系统分析工作，后期需要用户承担测试、切换工作。为了使用户配合好开发工作，需要对用户进行培训。

（二）信息系统开发方法

信息系统是一个复杂的人机系统，它不仅包含计算机技术、通信技术，以及其他工程技术，而且它还是一个复杂的业务管理系统，还需要相关专业管理理论和方法的支持。人们在长期的工程理论与实践探索中逐步总结出了一些开发方法。

1. 结构化开发方法

结构化开发方法是由结构化系统分析和设计组成的一种信息系统开发方法。结构化开发方法是目前最成熟、应用最广泛的信息系统开发方法之一。由于它是假定被开发的系统是一个结构化的系统，因此，其基本思想是将系统的生命周期划分为系统规划、系统分析、系统设计、系统实施、系统维护等阶段。

结构化开发方法遵循系统工程原理，按照事先设计好的程序和步骤，使用一定的开发工具，完成规定的文档，在结构化和模块化的基础上进行信息系统的开发工作。结构化开发方法的开发过程一般是先把系统的功能看成是一个大的模块，再根据系统分析与设计的要求对其进行进一步的模块分解或者组合。

2. 原型化开发方法

原型化开发方法是一种根据用户需求，利用系统开发工具，快速地建立一个系统模型并展示给用户，在此基础上与用户交流，最终实现用户需求的信息系统快速开发的方法。

应用原型化开发方法开发过程包括系统需求分析、系统初步设计、系统调试、系统检测等阶段。用户仅需在系统分析与系统初步设计阶段完成对应用系统的简单描述，开发者在获取一组基本需求定义后，利用开发工具生成应用系统原型，快速建立一个目标应用系统的最初版本，并把它提交给用户试用、评价，根据用户提出的意见和建议进行修改和补充，从而形成新的版本，再返回给用户。通过这样多次的反复迭代，使得系统不断地细化和扩充，直到生成一个用户满意的解决方案为止。

原型化开发方法具有开发周期短、见效快、与业务人员交流方便的优点，特别适用于那些用户需求模糊、结构性比较差的信息系统的开发。

3. 面向对象开发方法

面向对象的开发方法是利用面向对象的信息建模概念，如实体、关系、属性等，同时运用封装、继承、多态等机制来构造模拟现实系统的方法。在面向对象开发方法中把客观世界从概念上看成是一个由许多相互配合而协作的对象所组成的系统。传统的结构化设计方法的基本点是面向过程，系统被分解成若干个过程，而面向对象的方法是采用构造模型的观点，在系统的开发过程中，各个步骤的共同目标是建造一个问题域的模型。在面向对象的设计中，初始元素是对象，然后将具有共同特征的对象归纳成类，组织类之间的等级关系，从而构造出类库。在应用时，就可直接在类库中选择已有的类，从而达到复用的目的。

4. 战略数据规划方法

战略数据规划方法是由世界级的信息系统大师詹姆斯·马丁提出的一种信息系统开发方法。这个方法认为，一个单位要建设信息系统，它的首要任务应当是在单位战略目标的指导下做好单位战略数据规划。一个好的单位战略数据规划应当是单位核心竞争力的重要构成因素，它有非常明显的异质性和专有性，好的单位战略数据规划必将成为单位在行业竞争中的制胜法宝。战略数据规划方法的要点主要有：

（1）数据环境对于信息系统至关重要。单位数据环境是随着单位的发展不断变化的，也是单位发展的基础条件。信息系统建设极大影响着单位的未来发展方向，对单位的数据环境提出了更高的要求。把静态的、独立的信息资源通过战略数据规划重建单位数据环境，使其成为集成化、网络化、共享化的信息资源，对一个现代化单位来说是更为迫切的任务。

(2) 注重构建数据环境。在信息系统发展的历程中共有4类数据环境，即数据文件、应用数据库、主题数据库和信息检索系统。

(3) 建设主题数据库是信息系统开发的中心任务。这里的主题数据库并不是指数据库的大小，也不是指数据库的功能，而是指哪些数据库是面向单位的业务核心主题的，哪些不是面向业务核心主题的。所谓业务核心主题，就是指单位的核心业务和主导流程。比如，对于一个制造单位来说，生产产品就是其核心竞争力，相应地围绕生产业务建立的数据库就是单位的主题数据库；而对于一个研究单位来说，围绕着科研工作的数据库就是单位的主题数据库。

5. 信息工程开发方法

信息工程方法与信息系统开发的其他方法相比，有一点很大的不同，就是信息工程不仅是一种方法，它还是一门工程学科。它第一次把信息系统开发过程工程化了。所谓工程化，就是指有一整套成熟的、规范的工程方法、技术、标准、程序和规范，使得开发工作摆脱随意性和多变性，其目标是信息系统的开发走上智能化、程序化和自动化的道路。

(三) 人力资源管理信息系统建设要求

人力资源管理信息系统，作为具有特定管理功能的信息系统，其建设除需要遵循信息系统建设的创新性原则、整体性原则、发展性原则、经济性原则和先进性原则等一般要求外，还需要坚持整体规划、统一标准、目标导向、联合建设等要求。

(1) 坚持整体规划。围绕落实国家政务信息化工程相关规划，建设“大平台、大数据、大系统”，任何一个人力资源管理信息系统不能是孤立的。需要按照国家和地区的统一规划，建设逻辑一体、统一接入、资源共享的信息系统，与其他业务领域共同构形成上下联动、纵横协管的协同治理大系统。

(2) 坚持统一标准。按照国家和地区信息化建设和信息系统总体标准，注重人力资源管理数据和通用业务标准的统一，促进跨地区、跨部门、跨层级的事业单位人力资源管理信息的互认共享。建立动态更新的政务信息资源目录体系，确保各业务信息有序开放、共享、使用。

(3) 坚持目标导向。人力资源管理信息系统建设的目标是提高人力资源管理效能。围绕这一目标，针对招聘管理、培训管理、薪酬管理、考核管理、奖惩管理等业务，区分层次，进一步完善人力资源管理业务规则，加强基于信息共享的业务流程再造和优化。

(4) 坚持联合建设。构建一体化联合建设机制，促进项目发起单位、项目建设团队以及和其他业务部门的纵横协同、上下联动。其中项目发起单位或者人力资源管理部门，应当是参与开发的全过程，即参与从信息系统规划和设计阶段，直到系统运行的整个过程与项目建设团队充分沟通、有效协同、联合建设。

四、信息系统的运行

信息系统开发完成后，经过调试与测试，需要准备投入运行。

（一）信息系统的运行

信息系统运行，需要考虑与原有信息系统的切换衔接问题。切换方式主要包括直接切换、并行切换和分段切换。

1. 直接切换运行

直接切换运行，是指在指定时刻将旧的信息系统停止使用，同时启用新的信息系统，没有过渡阶段。这种切换方式的优点是转换简便，节约人力、物力和时间。但是，这种切换方式是三种切换方式中风险最大的。主要表现在，一是信息系统虽然经过调试和联调，但隐含的错误往往是不可避免的。因此，采用这种切换方式就是背水一战，没有退路可走，一旦切换不成功，将影响正常工作。二是切换过程中数据准备、人员培训、技术更新等都可能造成切换失败。三是，任何一次新旧交替，都会面临来自多方面的阻力，多数用户不愿抛弃已经得心应手的旧系统而去适应新系统，甚至会受到用户的抵制，进而降低信息系统切换成功的概率。为了降低直接切换的风险，需要充分做足各项准备工作，综合采取加强维护、数据备份、拟制预案等措施，以保证在新系统切换不成功时可迅速切换回老系统。这种方式通常适用于一些处理过程不太复杂、数据已有备份的情况。

2. 并行切换运行

并行切换运行，是指在一段时间内，新、旧系统各自独立运行，完成相应的工作，通过在两个系统间的比对、审核，以发现新系统存在的问题并进行纠正，直到新系统运行平稳后，再抛弃旧系统。并行切换的优点主要是，系统转换安全、运行可靠、切换风险相对较低。但是该切换方式需要投入双倍的人力、设备，转换费用相应增加。另外，对于不愿抛弃旧系统的人来说，他们使用新系统的积极性、责任心不足，会延长新旧系统并行的时间，从而加大系统切换成本。这种方式通常适用于数据安全要求高的信息系统。

3. 分段切换运行

分段切换运行，是指分阶段、分系统的逐步实现新旧系统的交替。这种切换方式既可避免直接切换运行的风险，又可避免并行切换运行的双倍代价，但这种逐步转换对系统的设计和实现都有一定的要求，否则是无法实现这种逐步转换的。同时，这种切换方式接口多，数据的保存也总是被分为两部分，将额外增加成本。

（二）人力资源管理信息系统的运行

人力资源管理信息系统运行，除考虑系统切换问题之外，还需要考虑信息系统的运行管理和人员培训等问题。

1. 建立信息系统运行管理制度

事业单位启用人力资源管理信息系统后，单位人力资源管理的业务流程、工作方法、各职能部门之间的相互关系必然会发生变化，需要针对这些变化建立健全信息系统运行管理制度，以保证系统的安全、有序、健康的工作。人力资源管理信息系统运行管理制度，主要包括系统操作规程、系统安全保密制度、系统修改规程、系统定期维护制度以及系统运行状况记录和日志归档等。

2. 组织信息系统运行管理培训

为充分发挥信息系统功能作用和增强信息系统使用效益，就必须提高相关人员操作、使用和管理信息系统的能力。人力资源管理信息系统的培训，不是一蹴而就的，需要分阶段、分层次、分类别组织实施。通常根据实际需要，综合采取个人自学、集中授课、单位考核等方法，对系统维护管理员、管理人员和操作人员进行培训，使相关人员了解和掌握信息系统的运作方式和运作过程。培训内容，主要包括计算机基本知识、人力资源管理主要业务流程、人力资源管理信息系统的操作方法、数据采集要求和维护管理办法等。

五、信息系统的评价

信息系统投入运行后，需要在平时运行管理的基础上，定期对其运行状况进行评价。进行信息系统评价的主要目的是，分析估量信息系统是否达到了预期目标，为进一步完善信息系统功能和组织下一周期建设提供科学依据。

（一）信息系统的评价

信息系统评价主要包括功能评价、性能评价和效益评价。

图 1-2 所示为信息系统的评价示意图。

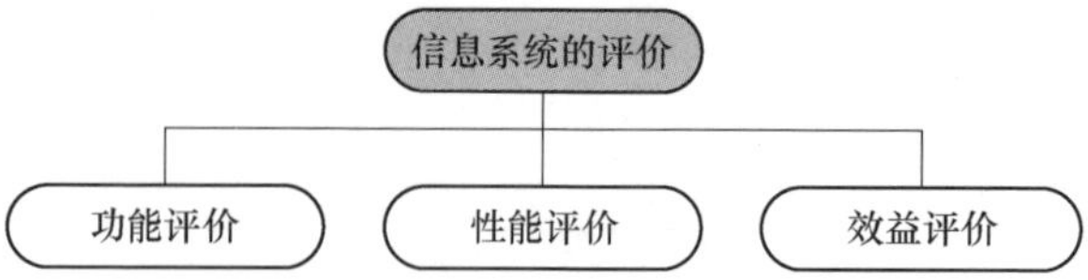

图 1-2　信息系统的评价示意图

1. 功能评价

针对系统开发所确定的目标，逐项检查各项功能是否达到预期目标。根据用户提出的功能要求，检查系统运行的实际状况，分析系统功能完成情况，评价用户对功能的满意程度。功能评价内容主要包括对系统的功能设置是否满意、是否满足科学管理要求、是否及时响应用户需求，以及信息系统的可维护性、可扩展性和可移植性等。

2. 性能评价

性能评价着重衡量和分析信息系统的技术性能，通常对信息系统的稳定性、可靠性、安全性、容错性、响应时间等进行评价。对信息系统性能进行评价的目的，是为信息系统的进一步改进提供依据。系统投入运行后，随着应用不断深入，业务流程不断优化，需要定期对系统进行性能评价。性能评价内容主要包括信息系统平均无故障时间、数据吞吐量或者处理速度、信息传输安全性和保密性、计算机系统和配套网络设施的性能利用率，以及信息系统的可扩充性、可维护性等。

3. 效益评价

建设信息系统的目的是通过对信息的采集、传输、处理，提高管理工作效率，减少管理中的失误和不必要的重复性的人工成本，促使获得最佳效益。信息系统所产生的经济效益通常主要体现在其运行结果所产生的间接经济效益方面。间接经济效果反映为事业单位管理水平的提高，主要表现在系统建立后对组织的工作效率、工作质量以及劳动生产力的提高程度。直接经济效益是可计量的，通常需要财务部门共同参与评价。而间接经济效益是需要定性与定量相结合进行评价。效益评价内容主要包括系统开发和维护费用、系统收益、投资回收期、系统后备需求的规模与费用。

（二）人力资源管理信息系统的评价

人力资源管理信息系统的评价重点是功能评价和效益评价，主要聚焦人力资源管理的业务流程是否满足工作需求，利用信息系统进行人力资源管理是否提高管理效能，通常由人力资源管理部门形成信息系统评价报告。

信息系统评价报告，主要是根据实施的功能评价和效益评价，对信息系统目标、功能、性能以及信息系统产生的效益等给予衡量与判定。它既是人力资源管理部门对信息系统开发工作的总结，也是进一步进行系统维护的可执行可参考的具体依据。人力资源管理信息系统评价报告内容，主要包括概述、系统构成、系统达到设计目标情况、系统的可靠性和可维护性、系统的经济效益与社会效益、综合评价等。

对人力资源管理信息系统定期进行评价，实际上是衡量系统是否仍处于有效适用状态。如果评价结果是信息系统基本适用，能够满足人力资源管理部门的业务需求，但需要做一些功能改进和流程优化，则要做好信息系统的维护工作。如果评价结果确认信息系统已经不能够满足各项业务需求，甚至不能适应事业单位对人力资源管理的需要，则说明该信息系统已经到了生命周期的尽头，必须提出新的开发需求，开始另外一个新系统的生命周期，整个开发过程又回到系统开发的最初阶段。这也是信息系统迭代的客观规律。

第二章 人力资源管理信息系统案例

随着社会经济、科学技术的不断发展，引起了新一轮的管理革命，对各行各业人力资源管理产生了巨大影响。本章我们采取“解剖麻雀”的方法，以某职业病防治研究院人力资源管理信息系统为例，系统阐述人力资源管理信息系统的需求分析、功能设计和业务协作，为我们更好理解什么是人力资源管理信息系统、人力资源管理信息系统通过哪些核心功能对哪些相关业务进行管理，提供理论参考。

一、需求分析

某职业病防治研究院成立于1973年，是具有独立法人资格的二甲专科医院、公益二类差额事业单位。随着近50年的发展，该职业病防治研究院已经形成了规模大，资质全，业务链条完整的职业病防治体系，其中不仅包含职业病诊疗类别，同时将与职业健康相关的体检、现场检测与评价、工业与医疗放射危害控制、职业卫生标准研制、应急救援、职业病防治科研项目等囊括，在职业病防治的领域全面发展。该职业病防治研究院在构建人力资源管理信息系统中，首先面临的是需求分析环节，主要包括性能需求、安全需求、功能需求、扩展性需求、集成性需求、兼容性需求等。

（一）性能需求

网络基础建设作为人力资源管理信息系统不可缺少的重要组成部分，主要包含了硬件建设与软件建设。对于数字化、信息化人力资源管理是依靠日常的操作，日积月累，最终转化为庞大的数据库，从而能够保证分析过程中有完备的基础数据量，作为数据库的载体，服务器将单独设置，硬件方面选取配置磁盘阵列为6张10K r/min的硬盘上制作raid，保证raid在磁盘读取速度在200MB/s以上，同时服务器内存不低于16GB，能够保证多人同时在线操作。软件设计需要兼顾实用性与友好性，以改变传统人事管理繁杂性、基础性为出发点，简化人力资源管理程序，系统设计和应用要简便，减少模块间复杂的结构关系，从而达到优化管理成本，人力资源管理信息系统使用频次高，设计过程中对于模块的布局与界面的使用流畅性也应当放在首位，同时加入审核、修改、设置关键信息提示等服务，将整体流程的反馈性提升。

（二）安全需求

人力资源管理信息系统运行的安全性主要包括物理环境的安全性、应用系统的安全性，网络的安全性等。因此需要多维保险措施来保障系统运行的安全，具体为：

（1）设置密钥密码管理机制，对于核心数据库如整体人员信息，薪酬绩效信息等设置管理员账号，对秘钥规则进行强度限制，并相应配发密钥，从而实现物理上阻断和降低信息泄露等风险。

（2）整体系统操作模块仅对应内部职工，因此自登录系统起需进行身份识别认证，只为“管理组”“单位职工组”用户开放业务操作权限，进而保障单位信息安全。

（3）定期数据备份，防止数据库在使用过程中因各种原因被破坏而导致的数据丢失，建立应对突发情况预案和措施，保证系统的稳定使用性，将数据的备份与恢复作为常态化工作，有效预防数据被损坏的特殊情形。

（三）功能需求

人力资源管理主要包括招聘管理、信息管理、薪酬管理、人员流动管理、社保管理、培训管理、考勤管理、档案管理和考核管理等功能。

1. 招聘管理

某职业病防治研究院因是差额事业单位，用工形式相对复杂，不仅包含了正式在编职工，还同时有非编的聘用人员、劳务派遣人员以及医疗多点执业人员，所以在年度招录计划进行的同时，还可根据实际业务需求对不同类别职工招聘数同步实际设定。招聘流程根据人员类别的不同而有所区别。招聘流程如图 2-1 所示。

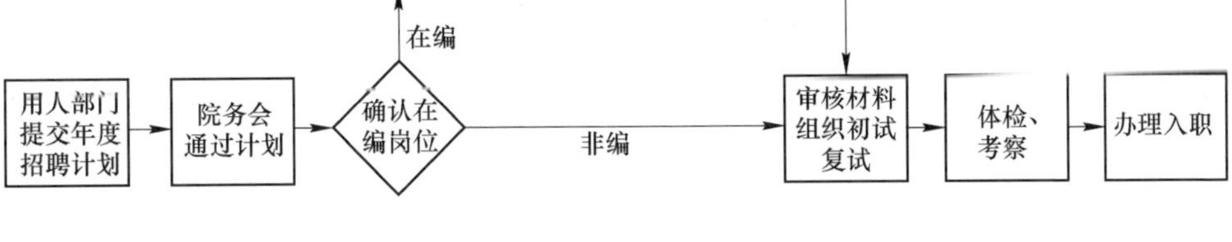

图 2-1　招聘流程示意图

整体人员招聘流程按照上述流程，应聘者通过多轮笔试或者面试后，按所签订合同对应相应的试用期，在试用结束后，上交个人试用期工作小结，逐级签批至主管院领导，而后由人力资源管理部门统一上院务会，结束试用期，因某职业病防治研究院事业单位属性，应届毕业生还需一年见习期方可转正。

2. 信息管理

某职业病防治研究院的人员信息管理需要建立对应的信息档案，系统更新前采取的操作办法有 Excel 表以及旧单独人员信息系统，对于信息录入和整体的模块协作均有不便，并且人员信息管理与人员信息档案还是有区别的。档案更能将一个人的信息变化过程动态地表现出来，而人员信息仅仅展现的是一个时间点的个人情况，人员信息管理应根据功能满足图 2-2 中几个模块。

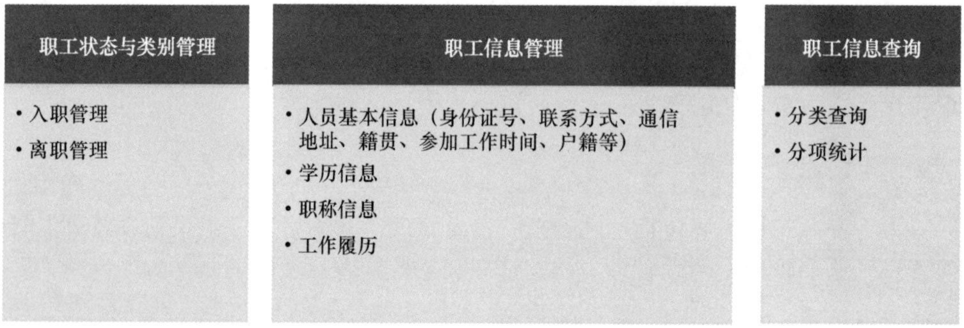

图 2-2　人员信息功能需求示意图

3. 薪酬管理

薪酬类别包括基础工资、国家规定的津补贴、绩效工资三大类，按照不同的人员类别对应，生成分类别备查台账，并可随时对人员工资进行数据抓取与分析。系统更新前，某职业病防治研究院的薪酬管理系统为独立的，导致人员信息录入人事系统后，薪酬系统还需要再将人员信息录入一遍，增加了重复性工作，产出效率降低，而且只停留在了数据统计的基本功能上，并没有延展到数据分析。薪酬分析应当涉及不同人员类别的对比，不同职务类别的对比，以及不同年度同一名职工的对比等多维度的数据，才能将单位整体的薪酬情况快速、准确和全面呈现出来。

4. 人员流动管理

人员流动管理主要包括内部调动、岗位变动以及职务变动。

（1）内部调动。某职业病防治研究院根据上级批复，设置内设机构，机构间人员流动需走审批手续，经调入调出部门协商，由主管院领导上报院务会后，办理调动手续，主要涉及调入部门、调出部门、人力资源管理部门，医疗人员还需向医务科或者护理部报备。

（2）岗位变动。因事业单位属性，工资结构与职称职务相挂钩，某职业病防治研究院施行评聘分离管理，根据职工个人取得职称情况，上报人力资源管理部门，后报院专业技术评聘委员会，按照岗位编制情况审核后，经公示上报上级主管单位，方可聘任至相应岗位。另涉及专业技术、管理、工勤系列转岗情况，还需另行填报转岗申请表，由人力资源管理部门审核其转岗可行性，上报院务会，经公示上报上级主管单位后变更。

（3）职务变动。根据《某职业病防治研究院委员会年度机构设置与中层干部聘任通知》，确定中层干部管理权限，填写聘任材料入档，调整对应职务待遇。

人员流动管理中，需要对人员流动全过程各环节进行记录，将审核、审批、经办等节点留痕，使数据具有可追溯性，公示及反馈应当直接呈现至专责管理员界面，从而保证对于公示情况的快速处理。

5. 社保管理

新入职职工根据工资系统中已录入的数据，可自动计算社保个人扣款金额，代入每月工资明细中，每年度变动一次社保基数，将汇总上年度工资总额生成本年度社保基数。因当地政策等多方因素影响，某职业病防治研究院后续缴纳社保后，社保底账建立并不全面，年度统计数据也会捉襟见肘，新系统中加入社保的统计，将会对单位在人力成本的把控形成数据依托。

6. 培训管理

年初各部门提出年度培训计划，由人力资源管理部门汇总后，上报至院务会同意，发布全院年度培训计划。培训计划应当在全院公开，公共培训科目可全院职工报名参加，特定培训仅对权限范围内人员开放。另增设培训平台，建立培训内容储备库，使培训资料供后续入职人员学习。培训应抓落实，不应流于形式，利用系统优势，将难以管控的培训落实情况全面掌握，起到计划完成情况的跟进作用，提高培训效能。

7. 考勤管理

某职业病防治研究院一院多址、涉及业务广泛，人员架构复杂，职工工作时间均有不同，主要分为正常工作制、轮班工作制以及长期出差工作情况。系统更新前，以纸质化请假单与考勤表来进行统计，人员管控手段不灵活，对于多样的工作模式应接不暇，会出现管理空档。随着人员规模的不断增大，这使得人力资源管理部门面对考勤工作需要付出更多的人力和时间，系统上线后应当将职权下放，做到分级管理，明确管理权限，以部门为单位，对请假、加班、出差等情况管控。利用线上系统，使得考勤情况实时同步，做到信息对称，减少管理空档。

8. 档案管理

某职业病防治研究院作为公立事业单位，其具有人事权限，在编人员档案需存放在人力资源管理部门，档案管理应当便于查询，并且归档内容统一。功能模块主要分为录入，审核以及查询，通过对重点信息摘要，达到查询便捷，并且采用分级审核，把关档案内容的准确性。

9. 考核管理

考核管理分为年度考核与日常考核。年度考核将直观表现职工的工作情况，分为优秀、合格、不合格三类，优秀比例根据相关规定加以限制，根据年度考核情况评先评优，调整薪酬。日常考核与奖惩管理相关联，从日常表现以及发生的特殊情况，确立奖惩并上报院务会决定后，发布公告，将薪酬情况同步变动，同时列入综合年度考核指标。

某职业病防治研究院借着此次人力资源管理信息系统的更新，梳理人事管理制度，作为事业单位管理的重要组成部分，将医院的管理模式与普通事业单位管理模式相融合，设计适应自身发展需求的人事制度。具体表现在，将招聘，晋升，薪酬等管理形成动态平衡，将人事管理制度跳脱出固有管理模式，使人事管理制度更好适应事业单位分类改革与现代医院改革发展的需求，迎合市场经济发展要求，将有利于某职业病防治研究院在市场竞争和新形势下的转型。

（四）扩展性需求

系统开发人员是基于现有事业单位政策以及某职业病防治研究院的实际需求、经营状况来设计系统架构，在此需求下系统可满足功能，若后续事业单位政策、单位经营管理或者组织机构发生调整时，目前所设计的架构将无法满足新情况。例如，2019 年新税改时，薪酬计税规则发生改变，某职业病防治研究院因原薪酬系统老旧，无法满足变更计税规则的要求，导致薪酬发放受到一定影响。为了避免此类突发状况的发生，影响最终使用，开发人员需要考虑此类情况，在项目启动时，对系统规划做出预留，系统设计需要考虑系统架构和数据库以及模块运行规则的灵活处理，硬件方面也要从技术发展后导致硬件平台无法负荷考虑，增加硬件平台的预留。

（五）集成性需求

信息系统在建设初期、中期和后期，都需要关注集成性需求。信息系统建设初期，系统开发人员应实地全面了解某职业病防治研究院组织结构和业务流程，经营现状以及后期发展等，制定总体建设方案。在建设中期，进一步加强与人力资源管理部门沟通，并对已开发的功能和已实现的业务流程进行试用，广泛邀请相关用户进行评价、打分和调试，对系统可靠性、可用性、安全性等指标进行量化评估，从而根据评价结果进行相应调试，使系统运行顺畅。系统建设后期，需要加强系统上线调试和业务磨合，组织相关培训。所以，某职业病防治研究院信息系统建设售后维护，将 1 年调整为 3 年，以确保系统顺利实施和稳定运行。如图 2-3 所示。

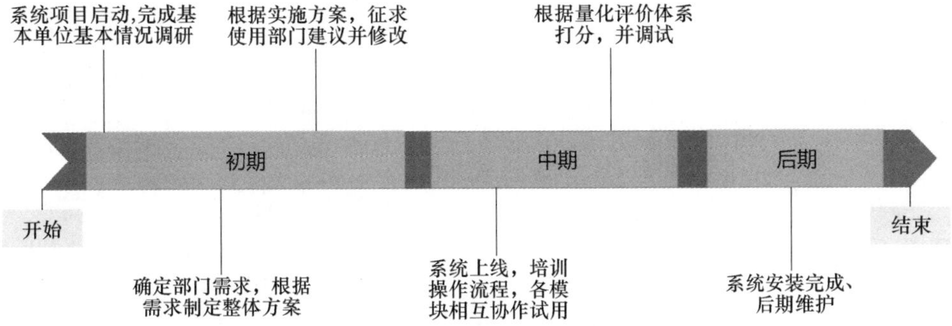

图 2-3　系统实施过程示意图

（六）兼容性需求

系统兼容性是衡量系统是否优秀的重要指标。首先，系统上线后的可运行性不应与操作系统平台有关。因某职业病防治研究院的电脑设备系统均有不同，应该涵盖单位全部系统平台，并且由于现今互联网、手机办公较多，所以对于移动端的兼容性要作为重要首要考虑因素。其次，具备新旧数据转换的功能。人力资源管理信息系统更新后，为了保证人事数据的连续性，涉及对原有数据格式的支持及更新，要实现原有数据和新增数据的无缝衔接，还要保证数据转换过程中的完整性与准确性。第三，系统上线后需与其他通用软件相兼容。能够正确读取常用办公软件的数据，并且与一些安全防护软件或者某职业病防治研究院普遍通用软件可以共同使用，不造成软件运行错误或者不能正确实现其功能。

二、功能设计

某职业病防治研究院此次人力资源管理信息系统更新，为了管理的交互性和灵活性，通过 B/S 架构设计，采用四层架构体系，逻辑上分为数据库服务器、应用服务器和客户端。图 2-4 为人事管理系统的操作架构。

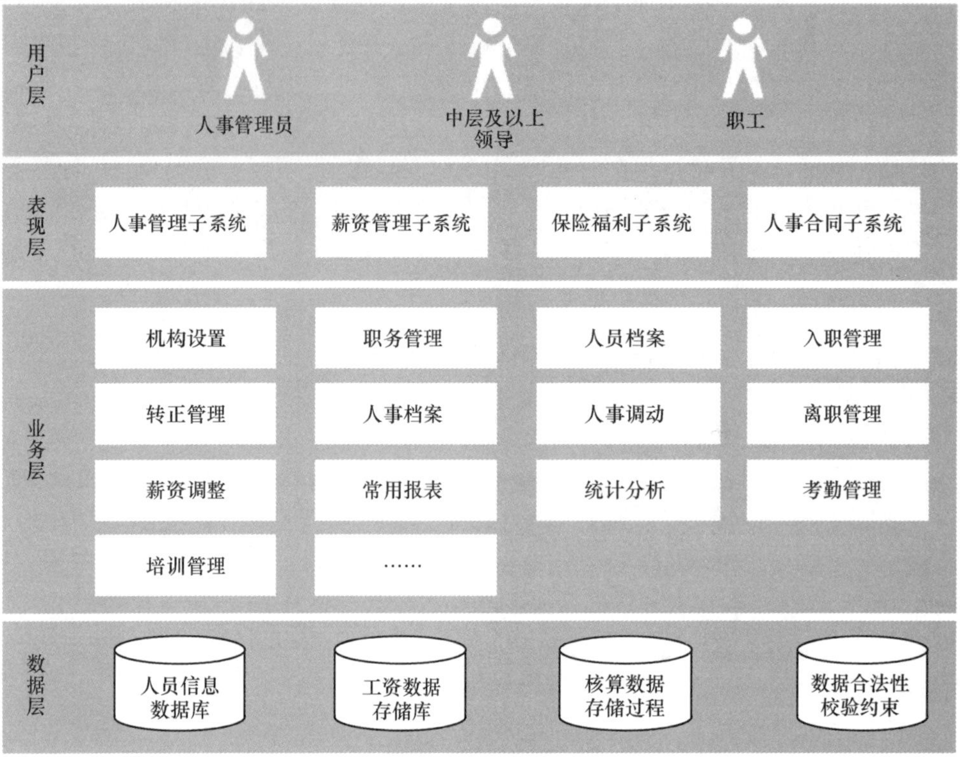

图 2-4　人事管理系统的操作架构示意图

此系统架构能够适应各类算法，优势在于维护和升级方式简单，因为现今软件系统的改进和升级越来越频繁，B/S 架构更能体现系统的方便性，只需要管理服务器即可。用户层主要包括管理员、中层及以上领导、职工三个用户组。表现层主要包括人事管理子系统、薪资管理子系统、保险福利子系统、人事合同子系统。业务层主要包括机构设置、职务管理、人员档案、入职管理、转正管理、人事档案、人事调用、离职管理、薪资调整、常用报表、统计分析等。数据层主要包括人员信息数据库、工资数据存储库、核算数据存储过程和数据合法性校验约束。这一系统架构，主要服务于人力资源管理信息系统的核心业务功能。

（一）岗位管理

此次人力资源管理信息系统更新先从岗位分析入手，定岗定编定员，制定科学合理的三定方案，优化重塑组织架构，精简机构设置，提高工作效能，为下一步系统建立搭好基础脉络。根据职能分为业务、行政和科研三大类部门，对各部门各岗位进行全面分析，利用定量定性分析法、实际调查法、观察体验法、座谈等方式，对部门工作以及某一岗位的工作内容，权限范围、任职条件、工作要求进行梳理。为了规避岗位分析的主观性和片面性，某职业病防治研究院成立了岗位分析领导小组组织第三方专家，拟定各部门编制计划与岗位说明书，明确任职资格、岗位职责与所需条件，形成岗位设置方案报上级主管单位审核。而后通过系统中岗位管理功能，完成机构和岗位设置，总体区分行政部门和业务部门两大类别。行政部门根据职责分工不同，划分为院长办公室、党委办公室、财务科、人事劳资科等科室；业务部门划分职防、体检、医疗、放射、市场五个大部，而后再分级设置科室，根据岗位设置方案，将科室人员编制数录入，从而达到控制部门人数的效果。岗位管理模块与招聘管理等其他模块联动，若有超出岗位设置人员将无法进行招聘等功能提交，出现报错提示。目前，岗位管理模块仅对人事管理员开放权限。

（二）招聘管理

招聘管理模块核心在于信息录入与信息审核，是跟踪人员招聘的流程，完成对于招聘公告的发布、笔试、面试、入职办理、试用与定岗等一系列线上办理流程。其对应的流程如图 2-5 所示。在招聘过程中，在岗位盈余的情况下，部门先提交年度招聘计划，按照计划确定招聘编内与编外岗位数，分为以下两个招聘流程进行。

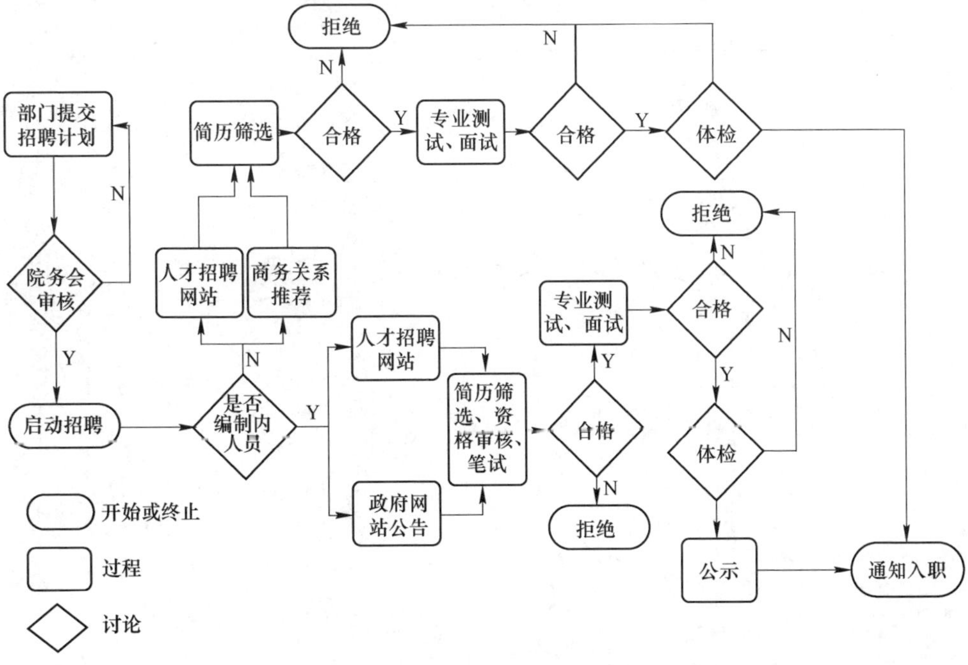

图 2-5　招聘流程示意图

（1）编内岗位：人事科通过政府网站或者人才招聘网站发布招聘公告，应聘者在系统中根据所报名岗位建档，输入对应基本信息并上传简历，由人事科统一审核资料，确定其信息是否属实，并且筛选符合条件简历，而后安排通过人员参加统一笔试，以招聘岗位数 1∶3 比例数，顺位进入下一轮复试。复试包括专业能力测试以及面试，根据应聘岗位组织相关实操或者专业理论作答，由院领导组成面试小组进行结构化面试，针对其面试现场情况打分，最终以加权后成绩排序，从高到低录取，录取后需体检合格，公示无误方可上报院务会通知办理入职手续。

（2）编外岗位：人事科通过招聘网站或者商务关系推荐，进行简历筛选，筛选出后参加专业能力测试与面试，通过后组织体检，待体检结果确认合格，即可上报院务会通知入职。临时增加岗位均需执行上述流程。

办理入职手续如图 2-6 所示，首先扫描单位入职办理二维码，然后填写个人信息提交，管理员负责审核信息，无误后确认其到岗并分配至试用科室，并补充其聘用信息，个人填报信息与聘用信息将同步至人员信息档案，完成人员档案的建立。档案中主要包括姓名、性别、身份证号、学历信息、职称信息、职业技能信息、职务信息、联系方式、政治面貌、户籍所在地、籍贯、银行卡号个人

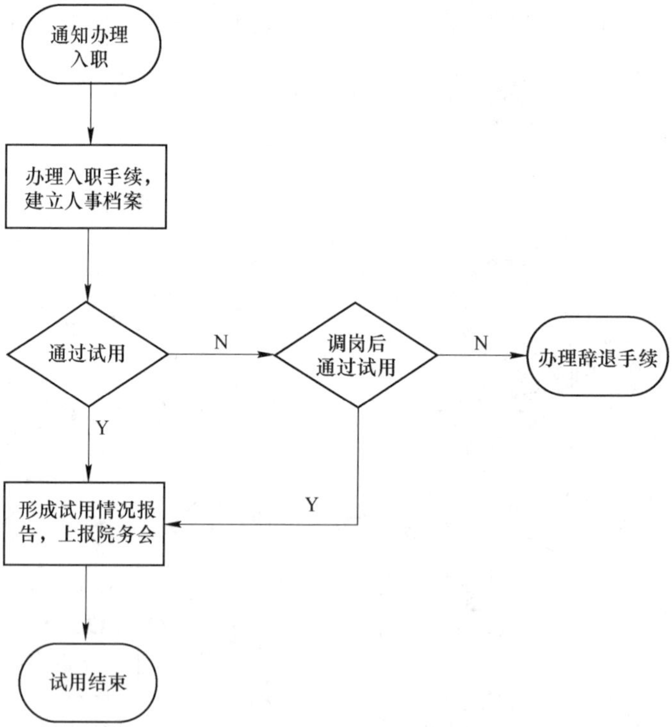

图 2-6　入职流程示意图

信息，为后续人员管理打下基础。试用期结束后，由本人填写工作小结附在试用转正申请界面线上提交，逐级审批至主管院领导，后提交院务会通过，方可转正。

（三）薪酬管理

目前事业单位的内部管理机制，以及公立医院的公益性质对于某职业病防治研究院人事制度的改革都有一定制约因素，结合差额单位的情况，薪酬体系具有部分可调节性，可根据这种情况制定激励机制，完善薪酬绩效工作。

首先在岗位三定方案的前提下，根据现行事业单位岗位工资类别分为专业技术岗位、管理岗位、工勤岗位，各岗位按照政策文件规定划分不同等级。岗位工资实行评聘分离，专业技术人员已取得职称仅作为上岗条件，经考核聘用上岗后，才可享受相应的岗位工资。其他基本工资项均按所聘岗位政策标准执行，可调节的绩效部分利用单独绩效模块进行核算部门总额，再由部门制定分配方案上报。工资发放流程如图 2-7 所示。

系统薪酬管理模块的构成部分包括：工资类别、薪酬标准设置、薪酬调整、业务处理、账套查询、凭证查询、工资条分发等功能。薪酬管理模块的人员信息通过人事管理模块的档案中直接抓取，不需要二次录入，但是由于人员类别的不同，分成了不同的工资类别包括：在编人员、非编人员、离退休人员。从不同工资类别的薪酬标准设置中将各岗位、职务的基础薪资标准录入，发放金额可根据人员档案信息的变化同步调整，并进行自动核算，个别特殊发放项目或者根据考勤管理模块中出勤情况与奖惩管理情况，由管理员手动在薪酬调整选项中修改，经过最终计算汇总，通过业务处理选项生成送往银行发放的加密文件，完成工资发放工作，最后在凭证查询界面留存发放记录，用于与财务核对账目，并且需将每月工资数据进行备份，以免影响后续核查。待工资到账，利用工资条分发选项，将月工资条明细自动发放至个人的系统界面，便于职工核对工资项目。账套查询选项中包含各类工资统计表，如“工资卡”为个人工资年度台账，“部门工资汇总表”为分部门统计的工资项目总额，“人员类别汇总表”为不同类别人员工资项目总额，“条件统计表”为选择可调节的选择项目从而生成的统计表，“分类统计表”可按照工资项目、部门或者时间调节生成统计表，“员工工资汇总表”可导出人员全年各项工资项目的总额便于了解职工年收入等有利于统计上报的基础表格。

薪酬管理功能施行三级审核制，由人事管理员负责操作修改，报人事负责人审批，最后由财务进行核对发放并带回银行回单，经人事管理员，人事负责人，主管院领导，法人逐级签字后归档备查。薪酬管理功能涉及考勤管理、绩效管理、人事档案管理、社保管理等，需要各模块灵活配合，这样工资的变动以及归

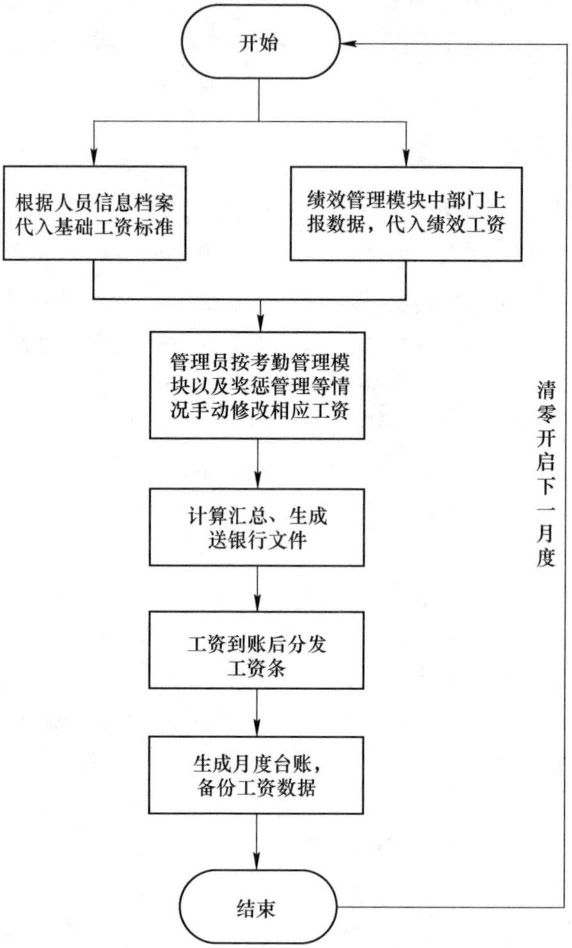

图 2-7　工资发放流程示意图

类更加便捷，同时加入手动修改功能，能有效地避免特殊情况时，系统处理无法覆盖全部的情况。

（四）社保管理

20 世纪 80 年代受计划经济体制的影响，我国事业单位和企业社保体系为两套独立系统，后根据养老保险改革政策要求，于 2014 年开始将事业单位也纳入养老保险缴纳范畴，适应市场经济的发展趋势。某职业病防治研究院也是第一批改革单位，但是因为事业单位的历史原因，对于社保管理并未形成体系，所以表报资料，台账等并不健全，作为人工成本中占有很大比率的费用，社保的管理应当纳入年度人工成本分析中，使后续发展决策所提供的数据支撑更加完善。

为了解决这一问题，系统中设计独立社保管理模块，其与薪酬管理模块有很大关联如图 2-8 所示，根据某职业病防治研究院所在地年度社保政策调整计算规则，年度社保基数由薪酬系统中提取上年度月平均工资额，扣缴比例与缴费基数上下限按当年政策要求录入，设置为可修改项，这样根据每年的政策不同，做出及时调整。而后根据各项比例计算出个人缴纳额以及单位缴纳额，个人缴纳额代入薪酬系统中作为月度扣款项。由于某职业病防治研究院职工类别多样，在编人员缴纳职业年金，推荐返聘人员不缴纳社保，则需要设计以人员类别为前置条件的计算规则，这样也可以更好的分类别统计。单位缴纳额代入统计报表模块，计入人工成本核算数中，同时可根据统计金额与财务实际账目核对，有效杜绝社保漏缴延缴问题。

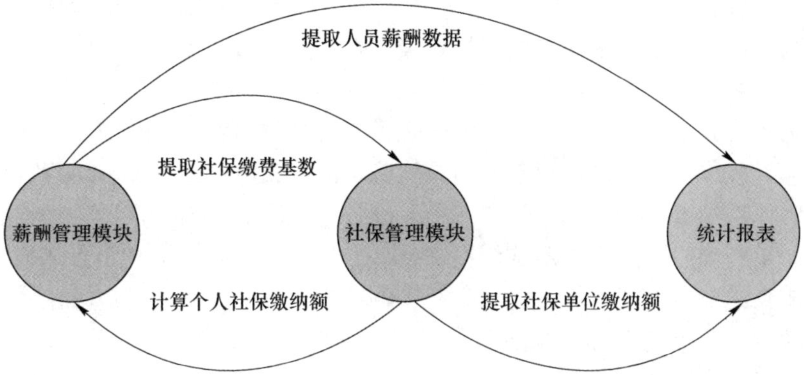

图 2-8　社保管理和薪酬管理关联示意图

社保的数据化设计解放了人事管理人员的双手，提高了计算效率，减少了误差，这样就不需要每年度人工计算录入，并且也让数据有底可查，有据可依，保证了报表的完整性。

（五）绩效管理

在市场经济发展迅速的大环境下，医疗市场的放开，冲击着公立医疗机构的发展，不断涌现的私立企业、合资单位，占据了原计划经济下公立医疗机构的主导地位，延续的铁饭碗说法，以及大锅饭思想急需在此背景下改变。毕业分配的人才流入手段已经成为过去，缺少了政策性优势，如何保证人才培养不断档，如何吸引高精尖人才，如何让已培养成熟的人才不外流，这都需要人力资源管理体制做出相对的改革。从某职业病防治研究院改革情况上看，绩效激励机制很大程度上可以使职工工作更有干劲，对单位更有归属感，增强了职工工作满意度。

事业单位在绩效改革上如果想做出成效很难，因为既需要创收发展又需要公共事业服务，要平衡好两者之间的关系。某职业病防治研究院作为服务型单位，业务涵盖较广，绩效考核并不能一概而论，要根据不同业务性质区分。如职业病防治的检测、评价等工程类业务部门，制定年度营业收入、必保利润、超额利润指标，利用必保利润为基础，达到此指标，部门可以得到基础绩效的部门额度，超过必保利润的部分在设定高限内，按比例提取绩效额度，作为奖励绩效。医疗体检业务不能按照营业收入来制定指标，按照岗位说明书确定基础绩效，而后可以从门诊接诊量、体检量、病患满意度、体检客户满意度、病人治愈率以及承担政府任务等多方面考虑制定系数，确定部门奖励绩效额度。市场部则根据年度投标量以及签订业务量制定标准，同时参考其他业务部门完成业务量制定标准来确定奖励绩效额度。科研部门则按照年度科研成果量、发表的论文以及申报的课题制定系数，确定奖励绩效额度。行政部门则根据岗位责任书，按照所处岗位与承担的工作内容，制定系数确定绩效额度，原则上不高于单位平均奖金额度。这样一系列的举措，使职工工作态度更加积极，打破原有做好做坏、做多做少差距不大的问题，更好的服务病患与客户，形成良性循环。

人力资源管理信息系统设定绩效管理模块提取数据流程如图 2-9 所示，增加了部门领导权限，年初经过财务部门核算确定部门总体绩效额度，将额度设定在绩效管理模块中，而后由部门领导在每月绩效总额度范围内，按照工作情况分配给具体职工，如超出额度，系统将报错处理，最终录入完毕提交至人事科，人事管理员审核绩效金额无误后，将同步至薪酬管理模块中，计入月应发工资额，这样可以减少多人手动录入的误差。

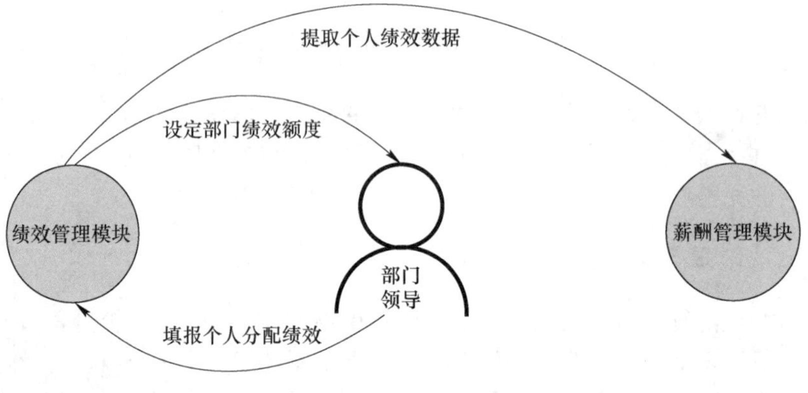

图 2-9　绩效管理模块提取数据流程图

（六）考勤管理

一院多址的现实情况，令某职业病防治研究院在考勤管理上相对被动，传统的纸质考勤报表已经无法满足现在院内的管理，应当早做改变。考勤管理的内核依旧沿用原人事制度规定，但是形式上做出了更新，实行全员打卡制度，当职工到达几个工作区范围内，可进入个人界面打卡上班，轮班制医疗人员需部门排班员于月初录入排班表，打卡结果对应排班表计算。而后在模块下设立请假、加班、听班夜班、下厂、出差这几个项目，按照人事制度中审批规则，设定运行语言，面向所有职工开放，职工在个人界面的请假项目中，选择请假类型，则会根据实际请假天数按审批规则逐级审批至末端，完成后数据将同步至当月考勤表中，同时核减相应假期余额。加班与请假的运行模式相同，最终通过后将计入调休额度，用于今后休假时长。听班夜班为病房医护人员特有项目，需根据情况发放补贴，次数摘自月初排班表中，于月末自动计算补贴金额，同步至薪酬管理模块。下厂、出差由职工在个人界面申请，审批至部门领导，完成后同步至考勤表中。月末根据打卡与上述情况确定出勤，如未按上述情况审批，并且系统中无打卡记录，则按缺勤处理，自动核算金额，至薪酬管理模块扣除。

这样即可以解决各类人员的工作时间空间不同的问题，也可以更好管控职工出勤情况，并且在系统中留痕，便于今后查找请休假记录。年末开始收尾工作时，从系统中生成个人年度考勤记录，列明剩余假期、已休假期等明细，由职工签字确认后归入年度档案，有效规避劳动用工风险。

（七）培训管理

在事业单位发展不断壮大的过程中，培训管理对事业单位加速融入市场经济起到促进作用，能够提高单位的核心竞争力，目前事业单位的工作人员除了具有工作能力，还需要掌握专业技能，这样才能提高整个人才队伍的专业素质能力。现今事业单位工作人员的培训还停留在公共培训上，一定程度忽视了职业技能培训，导致部分职工多年专业技能驻足不前。

某职业病防治研究院由于公立医院属性，在医疗人员继续教育方面一直按照国家相关规定稳步组织，但是其他人员因为没有这个要求，除了国家规定的公共培训外，各部门组织的其他培训就参差不齐。为了解决这一问题，人力资源管理部门发布了培训工作流程，保证培训的年度完成率，分时段监督部门培训工作，将个人培训完成情况与年度考核相挂钩，有效督促职工积极参与培训，系统中搭建培训平台，邀请外部专家，组建院内专家讲师队，针对各专业领域知识，直播讲课，录制课件，形成培训资料库，使培训的形式多样，便于组织和参与。固定培训如新职工入职培训、安全培训、廉洁培训等，需在培训后组织参训人员考试，已达到端正参训人员学习态度，将培训内容落实在日常工作的目的。

人力资源管理信息系统中设立分级管理，统一管控的功能，首先年初由部门提交年度培训计划，院内整体人员参培的计划则由分管行政科室负责填报。系统中自动汇总培训计划，并按照培训开展时间排序汇总，由人事科统计后上报院务会通过，于系统中发布培训公告，职工可根据公告，报名相应科目，线上培训在个人界面即可完成，线下培训需到现场签到打卡方可完成培训，完成培训后将计入个人年度学分，由人事科对培训计划的完成和个人学分的情况监督，并及时提醒，保证整体培训按规定实施完毕。未达到年度学分要求的职工将不参与年度考核优秀评比。

（八）合同管理

某职业病防治研究院的公益性决定了其不能在管理过程中完全采用企业的办法，又因为有大部分的非编制内人员，所以也不能统一按照事业单位聘用管理的办法，需要求同存异，将劳动合同管理与聘用合同管理融合，分别签订管理。

聘用合同与劳动合同的差异在于以下几点：

（1）年限要求不同，聘用合同期限相对较长，用人关系稳定，而劳动合同的不确定因素较多，而且试用期的规定也不同，聘用人员为了能够留住人才，试用期相对较长，应届毕业生试用期在此基础上还会有所延长，劳动合同根据国家法律规定与签订年限相关，不能随意延长。

（2）合同内容不同，聘用合同适用单位一般为公益性质单位，内容主要突出促进公益服务目的，强调公共利益。而劳动合同的内容侧重于保护劳动者权益，更加强调职工待遇，争议处理等。

（3）效益考核不同，聘用合同不注重效益考核，劳动合同则对这一点着重一些，而且解除合同的过程中，劳动合同相较于聘用合同要更加灵活快速。

合同管理模块提取人员类别信息，按照不同类别签订合同，由人事管理员在合同管理模块录入职工的合同起始时间，并上传附件，该名职工合同到期前两个月，系统将会提醒人事管理员本月即将到期人员，由人事管理员将名单分发至各部门领导，部门领导研究签订时长反馈人事科后，由人事科汇总上报院务会，通过后通知本人续签合同，系统中将设置预警提醒，如有需签无固定期职工，将会对人事管理员进行预警，避免发生劳动争议。如遇终止合同或者解除合同情况，则在时限要求前通知职工，按规定办理，并于办理完成后在人事管理模块办理转出手续，合同管理中将同步该信息，办理解除/终止合同，同时生成离职证明，供人事管理员下载。年底生成年度合同签订情况报表，为各类报表上报提供基础数据。

（九）档案管理

在职工管理过程中，其档案信息一直贯穿于整个工作生涯，可以记录职工培养选拔的经历，为后续确定考核情况、工资待遇情况都能提供信息支撑。某职业病防治研究院不仅保存在编人员的人事档案，也为了后续非编人员材料的完整性，制作非编人员临时档案。将工作经历、政治面貌、考核情况、晋升情况等材料归档，让人事管理人员清晰了解职工的培养过程。

档案管理分为以下几个部分。

（1）对于人员电子档案的管理，职工在入职时扫码填报的信息将同步在人员信息档案管理模块，这其中主要包含了以下内容：

1）人员基本信息：工号、性别、民族、身份证号、人员类别、到职时间、出生日期、行政部门、银行卡号。

2）联系信息：邮箱、联系电话、紧急联系人、紧急联系人电话、居住住址、户籍地址。

3）人员附加信息：参加工作时间、政治面貌、入团、入党时间以及转正时间、户口性质、工龄、司龄、籍贯、婚姻状况、是否应届生。

4）任职情况（主要记录其职务的变动以及部门间调动）。

5）教育经历。

6）工作经历。

7）专业技术职业资格、技术工人职业资格。

8）家庭成员与社会关系。

9）奖惩情况。

人事管理员在职工入职时根据其填报情况进行审核，后续职工信息发生变化时，由本人提交变更申请，人事管理员审核后方可变更，如果职工调动任职部门，则由职工在个人操作界面提交申请，调出部门领导、调入部门领导确认，经人事科上报院务会，通过后由人事管理员确认其调岗。

（2）对于人员纸质档案的管理，在编人员按照国家对于人事档案的整理要求，分类归档个人材料。非编人员按照院内规定，将个人信息登记表、工作证明、离职证明、学历学位职称复印件等相关材料整理归档。每年度将考核材料、薪资调整材料，以及奖惩文件归入个人档案，在档案管理系统界面对档案材料进行简明摘要，当有需要查阅档案时，可以快速了解到档案材料中是否有相关资料，并且准确翻阅到该类别。

（3）在人事系统档案管理界面设定查询筛选项，可根据不同条件筛选人员信息，并快速定位需要查询的职工信息。增加审核选项，人事管理员录入确认各类信息后，由人事负责人审核后，数据将审批通过，管理员不可再次修改，减少了信息错误率。

（4）职工在系统中提出离职，则需要院务会通过后，人事科办理离职手续，手续中涉及各行政部门，各部门均在系统中审批通过后，职工可前往人事科提取档案，并填写人事档案收条，即办理完成。电子档案将同步该名职工离职时间与离职原因。

（十）其他管理

系统中还包括以下一些功能：

（1）智能填表功能，这可以由部门设计表单选择填报人群，快速统计信息，在疫情期间对于信息的统计更加便捷。

（2）常用报表功能，此模块中包含人员信息、工资情况等各模块统计，可以直观地看到年度数据变化。

（3）统计分析功能，针对人员年度数据设立各指标如离职率、入职率、工资增长率、人均收入变化等，从指标的情况分析年度单位人员情况。

（4）职工生日时，系统会有提醒界面，可及时给予职工生日福利。

总的来说，系统中各个模块协调运作，既有独立处理的模块，也有互相提取数据的关系，整体数据关系网如图 2-10 所示，统计报表包含所有模块的数据，为了将系统与人力资源管理部门的各业务融合，所以在系统中完善了用户界面，职工操作便利。

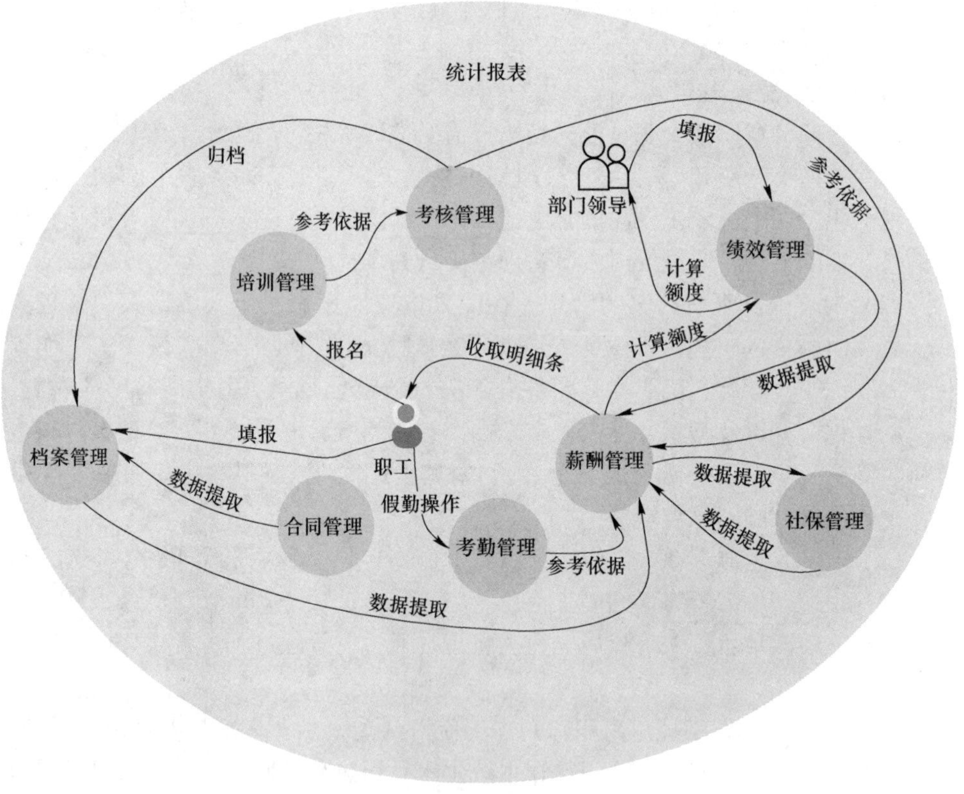

图 2-10　各管理模块数据关系示意图

数据与信息在现今的时代下越来越重要，社会对于事业单位的要求也更高了，服务型事业单位并不是仅仅对外部服务，也包括对内部职工的服务，为了提高事业单位的核心竞争力，需要加强职工的服务型意识。团队的人员素质是影响整体发展水平的重要因素，建立事业单位人力资源管理信息系统，是迈开科学规范化管理的第一步。系统的功能设计可以有效地提高职工的服务质量，便于院负责人对单位整体情况分析，有助于分级管理的实施，使人力资源管理具有依托平台。

三、业务协作

人力资源管理信息系统运行，实际上是对单位人力资源管理相关业务流程的整体重塑，需要加强各相关部门之间的业务协作。

（一）人力资源管理部门归口管理

人力资源工作涉及面广，是对上需要汇报沟通、提供决策依据，对下做到答疑解惑、解决职工实际问题的中枢机构。某职业病防治研究院人力资源管理部门的人手并不能满足全面管理，也需要与其他职能部门协作配合，分为几个大类，薪酬管理与财务管理部门，培训工作与科教管理部门，人员管理与各职能科室相关，如人员的劳保发放为总务科负责，福利由工会负责，科研成果由科教科负责，安全管理由安保科负责。再如，职工入职时，由人事科提供入职工作清单，需要职工本人到各职能科室报到并办理相关手续，做到人员闭环管理，同时通知各职能部门新入职职工情况，让各部门开展后续工作时对人员的情况有基本了解，相关情况如图 2-11 所示。

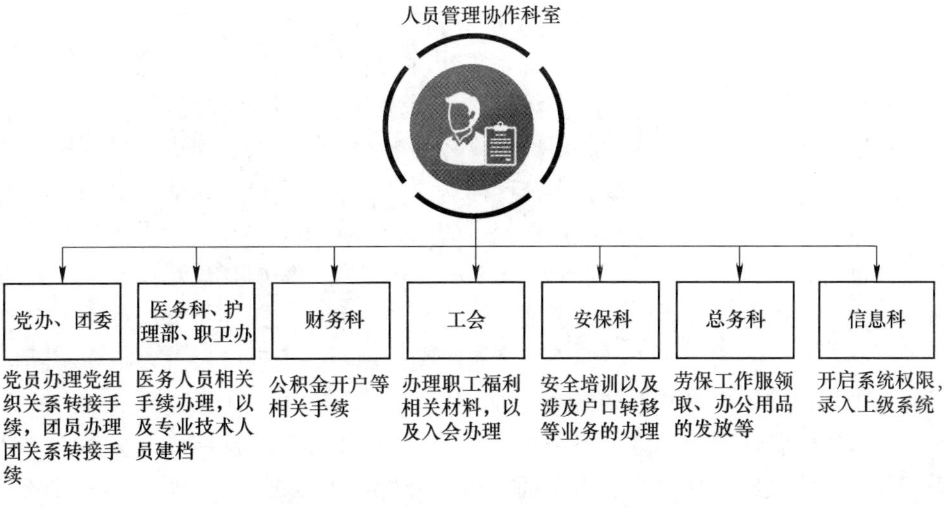

图 2-11　人力资源管理协作科室示意图

最终人员的整体管理是在人事科归口，然后其他部门分级管理各项具体工作，部门有部门的职责，职能部门有各归口职责，共同保障人员有序稳定的工作氛围。人力资源管理部门将负责职工入职、试用、正式工作、离职全周期管理工作，将大块工作分割开，薪酬、社保、人员管理、合同档案管理等设置分管人员，保证办理过程无遗漏，各项工作能够有效沟通。

系统中职工界面将设置单独的人事管理模块，由职工所操作的各项业务，数据将汇总至人事科，人力资源管理信息系统与各职能科室系统关联，使职工自人事科赋予单位职工权限起即可在个人界面操作其他系统功能，如财务科的汇款审批、总务科的物品申领，院办的盖章申请、用车申请等，将所有的操作功能归于一个职工操作界面中，简化个人操作步骤。人事相关工作单独设立，由人事科单独管理。

（二）其他相关业务部门按级负责

某职业病防治研究院的业务分布广泛，导致业务部门也较多，不仅仅涉及医疗相关的领域，另外因为一院多址的地理条件，在管理上还需要更加灵活的手段。此次改革过程中重新梳理架构，划分大块业务，将功能相似、职能相似的部门归为大部，这样有利于精简架构，便于管理，形成扁平化的管理模式。例如原有的放射检测类重新划分，整合大部，原则上遵循业务、功能相近的方法，将业务科室打破重塑，归类整合，这样避免了权责不清，职能不定的情况。业务科室设立职防部、医疗部、体检部、放射部、市场部、科研部几大类。将原各部门的市场工作归口，设立单独市场部负责，可以实现资源共享，大部下设立各科室，形成三级管理模式，各大部领导实行竞聘上岗，民主测评，定期述职，于每年签订目标责任书，明确权责关系。

人员的末端管理在于部门，根据单位实际情况，制定相应的人事管理制度，形成逐级审批流程，人员的入职、培训、考核、待遇、离职等均需部门负责人确认通过后到达主管院领导审批。职工的日常管理，例如请假、加班、报送材料均需按照业务科室的层级，分级管理，这样对人员的管控能更加灵活，给予部门更大的自主权，人力资源管理部门负责流程的监管作用，这样对于不同业务性质的部门，也可根据自身情况设定本部门的一些管理模式。例如绩效管理中每个人的绩效分配，不同业务性质的部门参考指标也不同，公益服务类与市场竞争类的模式本就存在差异，需要科学、合理地运用激励机制，这由部门负责人根据实际情况来划分，他们参与其中，更能了解职工的工作状态，从而给出相对公平的方案，人力资源管理部门不直接面对业务，对于个人的工作无法准确把握，所以只管理部门总体额度，在单位层面保证整体的分配均衡。这也就形成了统一管理、分级负责的模式，将管理权限下放，节省了人力物力，提高办事效率，同时提升了部门负责人的责任意识和履职能力，使管理工作由静态化转为动态化，适应单位所处的现实环境。

系统中设立角色选项，将部门负责人设为中层领导角色，各项功能审批将部门领导作为一级审批人，具有查看本部门人员所有信息记录的权限，另外增加绩效管理权限，可分配上报部门绩效分配方案与明细。

（三）信息部门分工负责运行维护

系统维护在信息系统的生命周期中占有很高的比例，系统由于维护而出现问题的情况也不在少数，所以总结方法，使新系统更稳定的运行下去是需要信息部门投入一定精力去考虑的，主要从以下几个方面进行：

（1）人力资源管理信息系统涉及很多人员的个人隐私，所以需要实行严格的密钥管理制度，对操作的信息管理员权限进行严格控制，保证正常工作的状态下，减少其权限，并且指定专人负责，避免信息泄密，杜绝无关人员对信息系统操作，并且设立专门针对此类问题的奖惩条款，管控信息管理员，避免出现信息传播的情况。

（2）信息管理员定期由开发公司进行培训，对系统整体的功能以及运行模式有所了解，对于基本的数据库维护以及流程编写能够独立承担。定期的培训可以提高信息管理员的业务素质和工作能力，重视培养骨干，能够保证相应配套业务也能够熟练掌握，后续可以快速解决问题。

（3）硬件设备是系统正常运行的前提，这里涉及了服务器、计算机、存储介质等，首先需要配备相应的备用设备，以便在硬件设备出现故障时，可以应急，先恢复系统的运行，然后再去查找故障原因。同时需要为硬件设备创造良好的工作环境，定期除尘，这样可以有效延长机器的使用寿命，从而缩减成本维护，对于设备的物理安全管理需要加强日常巡护，避免发生设备损坏丢失的情况。

（4）软件的维护包含数据库的维护、计算机系统的维护等。服务器随着存储的信息越来越多，数据如果被破坏，将对整体单位信息都会有影响，所以为了保证系统正常运行和数据的安全，需要定期备份文件，加强防病毒意识，在信息系统中安装防病毒软件，并且经常性升级病毒库，对系统的升级及时更新，发现软件系统漏洞和缺陷时要第一时间进行修补，同时做好各用户管理工作，严禁用户共用，避免信息交互传播。系统刚上线初，要多次进行操作测试，确保运行流畅，用户界面简洁美观易操作，对于其中的流程，例如人员职务变化导致的流程变更，要根据特定时间节点，进行维护，使系统操作与实际架构变化并行。

某职业病防治研究院此次人力资源管理信息系统的上线加之人事制度的改

革对于其长期发展具有推动作用，系统上线可以提高某职业病防治研究院对于职工的管理效率，管理者将管理理念融入系统功能中，最大程度发挥信息系统作用，帮助管理者对今后的发展以及下一步工作计划做出决策依据。人力资源管理信息系统的革新是一项长期、重要的工程，需要持续完善，在使用过程中摸索更适应某职业病防治研究院管理模式的系统设计是今后系统维护的着力点和落脚点。

第三章　人力资源管理信息系统项目管理概述

一切工作都可以理解为项目。简单的工作可以理解为是单一项目，相对复杂的工作可以理解为是复合项目。从这个意义上讲，人力资源管理信息系统的建设工作，也是一个独立的或者是一个复合的项目。用项目管理的视角去研究和解构人力资源管理信息系统的建设问题，需要系统研究项目管理的基本要素、主要特点、工作过程，以及项目管理的组织结构和知识体系。

一、项目管理基本要素

项目是在一定条件下，具有特定目标的一次性任务，是以某一共同目标为驱动的多项关联工作的总称。项目目标，主要包括成果性目标和约束性目标。其中，成果性目标是项目的最终目标，通常由一系列技术指标进行定义，被分解成为项目若干个功能性要求；约束性目标，主要源于外部环境和内部环境两个方面的约束，如受项目发起单位内部环境的制约，以及受市场因素、行业因素等外部环境的制约。

项目管理是指对项目的管理。项目管理的主体通常是临时性、柔性的、扁平化的组织；项目管理的客体是具体的项目，管理方式是目标管理；管理要素主要包括环境、资源、目标和组织。图 3-1 所示为项目管理要素示意图。

环境：任何事物都离不开环境，项目存在物质世界之中，自然和其他物质一样，受环境的影响和制约。项目主管必须对项目所处的外部环境和内部环境有全面客观的认识。项目的外部环境，主要包括自然、技术、政治、社会、经济、文化，以及相关法律法规和行业标准等；项目的内部环境，主要包括项目主体、项目干系人、组织文化和制度等。

资源：资源是指可用于项目的物质及非物质要素，是支撑项目实施的物质技术基础，主要包括财力资源、物力资源、信息资源、人力资源、科技资源和空间资源等。

目标：目标是指满足项目发起单位和项目干系人在时间、经费、功能和性能上的要求和目的。

组织：组织就是由诸多要素按照一定方式相关联系起来的系统。在项目管理

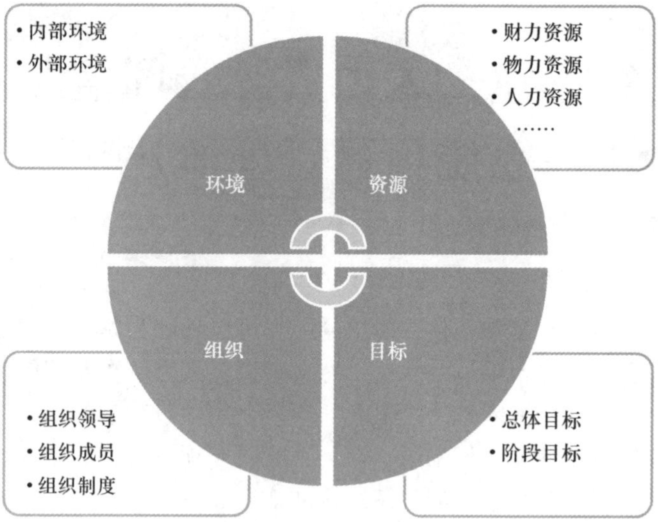

图 3-1　项目管理要素示意图

中，组织是一个团体，有组织领导、组织成员和组织制度组成。

二、项目管理主要特点

相较于对一般事物的管理，项目管理的最大特点是注重于目标的实现，即强调目标管理。它有严格的时间约束和组织要求，主要表现在以下方面：

（1）项目管理的复杂性。项目管理的对象是项目，项目自身的复杂性决定了项目管理的复杂性。特别是对于大型的、复合的项目，需要通过工作分解的方式，将复杂性的工作的某些过程分离出来，加上起点和终点，当作项目的某一阶段来处理。同时，项目主管还要管理阶段与阶段之间、过程与过程之间的联系，这也决定了项目管理的复杂性。

（2）项目管理的系统性。项目管理把项目看成一个完整的系统，依据系统论“输入—处理—输出—反馈—调整”原理，可将系统分解为若干个责任单元，由各责任单元管理者分别负责相关工作，项目主管再对各责任单位管理者进行统筹管理。同时，项目管理把项目看成一个有完整生命周期的过程，强调部分对整体的重要性，促使项目主管不能忽视其中的任何阶段，确保项目各项工作和活动衔接有序、整体推进。

（3）项目管理的专属性。项目管理的组织是专门为更好领导、管理、协调和控制该项目而专门组建的。项目团队所有成员，也是为一个共同目标，完成项目相关工作而聚合在一起。离开了项目，项目目标也就不将存在，项目组织也就没有存在的意义。

(4) 项目管理的目标性。项目必定有确定的、明确的目标，没有明确的目标，行动就没有方向。总的目标是完成项目，实质是最大限度地满足项目发起单位需求。也可以将总目标划分为若干个阶段目标，阶段目标必须从属于总目标。

(5) 项目管理的创新性。项目管理是一个动态的过程，而不完全是一个技术实现的过程，需要处理各种冲突和矛盾。因此，项目管理必须从实际出发，总结以往项目建设经验，结合项目具体情况，创造性地运用于项目全过程，确保项目顺利进行。

以上是项目管理的一般特点。人力资源管理信息系统通常是一个复合项目，其管理还具备以下特点（见图 3-2）：

(1) 高智力技术性。人力资源管理信息系统项目，高度依赖信息技术开发人员、人力资源管理人员，对这些人员的管理成效直接关乎项目成败。一方面项目开发需要信息技术开发人员、人力资源管理人员共同参与，另一方面项目运行、维护和更新更是离不开技术人员、人力资源管理人员的参与和支持。

(2) 高投入风险性。人力资源管理信息系统项目，从项目论证、实施、运行和维护，都需要大量人力资源、物力资源和财力资源的投入和保障，用于空间改造、设备购置、系统开发、运行维护，加之信息技术的迭代速度较快，技术和市场都存在高度不确定，项目客观存在风险。

(3) 高时效协调性。人力资源管理信息系统项目，涉及人力资源管理职能部门、信息技术维护部门以及项目专门招募的技术团队，项目主管需要及时获取各方需求，第一时间协调解决冲突矛盾，确保各部门各力量能够朝着共同的目标

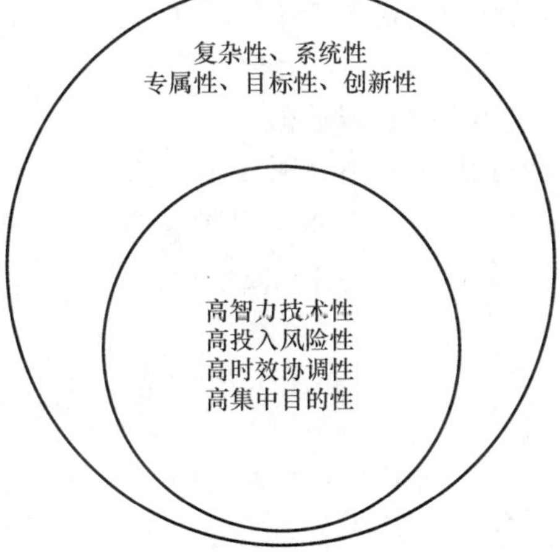

图 3-2　项目管理的主要特点示意图

迈进。有的人力资源管理信息系统，还涉及其他相关部门的业务，也需要对这些部门的需求进行对接和统筹。

（4）高集中目的性。人力资源管理信息系统核心目标是利用信息化智能化手段服务人力资源管理，为提高人力资源管理水平提供支撑。所有功能的实现都需要围绕人力资源管理的实际需求、实际流程展开。离开了这一目的，人力资源管理信息系统项目就是无源之水、无本之木，项目管理也有没有意义可言了。

三、项目管理工作过程

过程就是项目进行所经过的程序。人力资源管理信息系统项目管理强调项目管理的阶段性、过程性和实效性。在项目管理的过程中，应当根据人力资源管理信息系统项目的专业性特性和特殊业务功能等约束条件，划分一系列项目阶段。这些项目阶段，就是一系列具体的项目管理过程，对项目整体目标的把握和对各个项目阶段的管理，就是一个完整的项目管理过程。

（一）项目管理的阶段

人力资源管理信息系统项目管理的过程，通常包括启动、计划、执行、控制和收尾 5 个阶段。图 3-3 所示为项目管理阶段示意图。

图 3-3　项目管理阶段示意图

项目启动过程是人力资源管理信息系统项目管理的首个阶段，管理活动主要包括：定义一个项目或者项目阶段的工作与活动，决定一个项目或者项目阶段的启动，或者决定是否将一个项目或者项目阶段继续进行下去等工作。这是由一系列项目决策性工作所构成的项目管理过程。

计划过程是人力资源管理信息系统项目管理的资源配置阶段，管理活动主要包括：拟订、编制和修订一个项目或者项目阶段的工作目标、任务、工作方案、资源供应、成本预算、应急措施等工作。这是由一系列项目计划性工作所构成的项目管理过程。

执行过程是人力资源管理信息系统项目管理的计划落实阶段，管理活动主要包括：统筹协调各类资源，组织开展各项工作，激励项目团队完成既定的工作计划内容，形成项目可交付物，完成项目目标。这是由一系列项目组织管理性的工作所构成的项目管理过程。

控制过程是人力资源管理信息系统项目管理的反馈调节阶段，管理活动主要包括：制定标准、监督和测量项目工作的实际情况、分析偏差和存在问题、有针对性地采取纠偏措施等工作。这是由一系列项目管理控制性的工作所构成的项目管理具体过程。

收尾过程是人力资源管理信息系统项目管理的移交验收阶段，管理活动主要包括：制定一个项目或者项目阶段的移交与接收条件，完成项目或者项目阶段成果的移交。这是由一系列项目标准化和移交性、验收性的工作所构成的项目管理过程。

项目管理各个阶段，既相互独立又相互关联。在项目管理实践中，它们会以某种方式相互联系，甚至存在时间和资源供给上的重叠。这就需要项目主管，要有系统思维、流程理念，组织协调好各阶段的相互衔接，处理好各类资源的矛盾冲突。图 3-4 所示为项目管理各个阶段关系示意图。

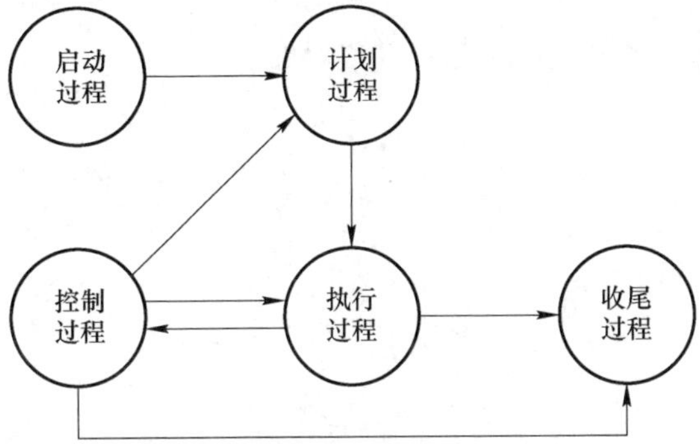

图 3-4　项目管理各个阶段关系示意图

（二）项目管理过程组

与项目管理 5 个阶段相协调，项目管理过程组包括启动过程组、规划过程组、执行过程组、控制过程组、收尾过程组。

启动过程组：包括开始、结束项目或者项目阶段的有关活动。项目开始需要启动过程。在项目生命周期的每个阶段，为了判断项目工作是否继续下去，项目主管和项目成员都必须重新考察项目需求变化和资源支撑的实际情况。在项目开始阶段启动过程的主要成果就是形成项目章程和选择项目主管。另一方面，结束项目也需要启动过程。在结束项目的过程中，项目团队要对有关的经验教训进行归档，释放项目资源，用于其他工作。

计划过程组：包括编制与保持一个可行的计划，以便实现项目所要满足的各类需求。编制项目计划的过程实质是对项目资源配置的过程。编制项目计划，通常需要明确项目目标、范围和工作阶段，明确各工作阶段各项活动的实施时间、主要内容、责任人员，以及需要协调的其他资源等。为了有效应对项目条件的变化和组织环境的变更，项目生命周期中的每个阶段都常常会对项目计划加以调整。

执行过程组：包括协调各类资源，落实项目计划工作，以便生产出项目或者项目阶段的可交付成果。执行过程组的工作决定了项目实施的质量，主要包括组建项目团队、协调相关资源、组织项目实施活动、交付实际工作成果等。这个过程组通常与其他过程组有交叉，并在实施中需要用到最多的资源。

控制过程组：就是按照项目目标，对项目进度进行评测，监控其与计划的偏差程度，并采取相应措施使项目进展符合计划要求。一般的控制过程包括执行绩效和状态评审。如果有必要进行某些变更，必须有人负责对这些变更进行识别、分析和监控。控制过程的理想结果是，在要求的时间、成本和质量限制范围内提交双方同意的项目范围，从而成功地完成项目。由于这些变更随时都可能发生，所以控制过程组同其他的过程组是存在重叠的。

收尾过程组：就是进行正式的项目或者项目阶段验收工作，使其有序地结束。其中涉及的管理活动，主要包括项目文件存档、工作总结、组织验收与交接等。在收尾过程中，项目团队要致力于最终产品的验收，并使得项目或者项目阶段有一个有序的结束。

五个过程组，在项目主管的管理下，形成联动、正向关系，共同促进项目顺利进行。这种联动、正向关系主要表现在以下方面：

（1）项目管理过程组之间是一种前后衔接、承前启后的关系。项目管理过程以项目启动为起点，依次经过计划过程、执行过程、控制过程，最后以项目收尾为终点。各过程组之间表现的关联为，前一个过程的输出是后一个过程的输入。

（2）项目管理过程组之间是一种交错运行、空间上存在并行的关系。项目管理过程组之间的界限并不明显，一个项目管理过程循环中各个管理具体过程之间的关系，在时间上并不完全是那种一个过程完成以后，另一个过程才能够开始的关系。一个管理过程循环中的各个管理具体过程在时间上会有不同程度的交叉和重叠。

（3）项目管理过程组之间是一种信息采集、传输、处理的关系。在项目管理过程中，需要采集、传输、处理诸多信息。这种关系有时并不是单向的，而是双向的，甚至是同时、同域、多项的。这是由项目的复杂性、系统性所决定的。

（4）项目管理过程组之间是一种动态的关系。随着项目的不断进展，项目管理的具体内容将不断发生变化，项目管理过程组之间的关系也将不断发生变化。

（5）项目的计划过程组、执行过程组和控制过程组之间形成一种闭环的关系。在项目的执行过程中，需要对项目前一阶段的执行情况进行度量，并将实际度量的输出与项目计划进行比较，从而找出它们之间的偏差。在发现偏差后，还要进一步分析产生偏差的原因，并根据偏差的幅度和产生的原因对计划进行调整、对过程进行控制。这种闭环关系可以使项目的执行与项目计划保持一致，可以改进项目执行效率，保证项目目标的实现。

(6) 项目管理过程组之间的相互作用和相互影响还会跨越不同的项目阶段。通常一个项目阶段收尾过程的输出就是下一个项目阶段启动过程的输入。由于每个项目阶段也可以划分为启动过程、计划过程、执行过程、控制过程和收尾过程等 5 个管理过程。项目管理过程组之间的相互作用和相互影响还会跨越不同的项目阶段。

四、项目管理组织结构

组织有明确的目标导向，有其特有的组织结构。人力资源管理信息系统项目，因需求不同，其规模、功能和复杂程度也不尽相同。决定了人力资源管理信息系统项目管理的组织结构呈现不同的形态，主要包括职能式组织结构、单列式组织结构和矩阵式组织结构等。

(一) 职能式组织结构

职能式组织结构，是指按照职能以及职能的相似性来划分部门。采用职能式组织结构的单位在进行项目管理工作时，各职能部门根据项目的需要承担本职能范围内的工作。换言之，单位主管根据项目任务的需要，从各职能部门抽调人员组成项目组织，实施项目管理。以人力资源管理信息系统开发为例，可能就会从人力资源管理部门、信息部门各抽调一定数量的人员形成项目小组。这样的项目组织没有明确的项目主管，项目中各种职能的协调只能由抽调的各职能部门共同的主管领导来组织协调。图 3-5 所示为职能式组织结构示意图。

职能式组织结构在项目管理中具备如下优势：

(1) 有利于增强部门横向交流。由于职能式组织结构，是以抽调相关职能们来组织项目小组的，有利于平时没有业务往来的部门，通过项目聚合在一起，增强了职能部门之间的沟通、协调和交流。

(2) 有利于提高垂直管理效率。由于职能式组织结构中的人员或者其他资源仍归职能部门领导，职能部门根据项目需求进行直接调配，提高了在这职能部门内的管理效率。

职能式组织结构在项目管理中存在的不足：

(1) 协调难度较大。项目小组没有明确的项目主管，而每个职能部门由于职能的差异性及本部门的局部利益，容易从本部门的角度去考虑问题。当发生部

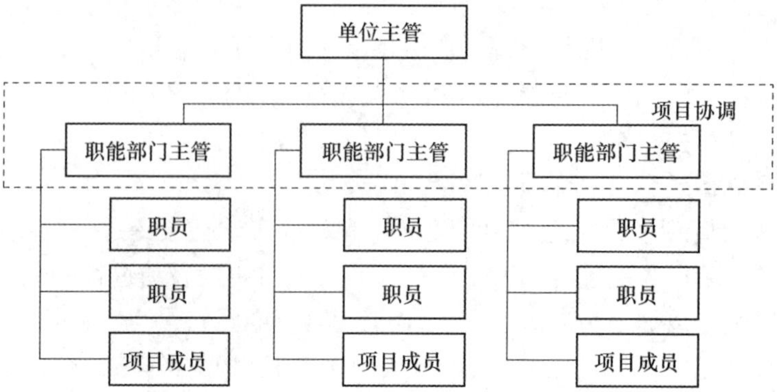

图 3-5　职能式组织结构示意图

门间的资源冲突时，部门主管之间很难进行协调，这会影响项目整体目标的实现。

（2）成员责任淡化。项目小组人员，临时抽组形成，有时工作重心还在职能部门，很难真正建立项目责任。尽管项目目标，是聚合小组成员的驱动力，但远小于职能部门业务目标的约束。

（二）单列式组织结构

单列式组织结构，是指按照项目来划归所有资源，即每个项目有完成项目任务所必需的所有资源，每个项目实施组织有明确的项目主管，对上直接接受单位主管或者大项目主管的领导，对下负责本项目资源的组织调配。图 3-6 所示为单列式组织结构示意图。

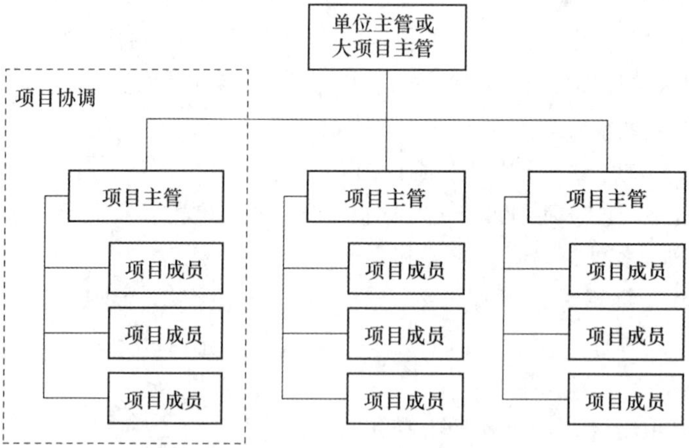

图 3-6　单列式组织结构示意图

单列式组织结构在项目管理中具备如下优势：

（1）有利于聚焦目标。单列式组织是基于某项目而专门组建的，圆满完成项目任务是项目组织的首要目标，而每个项目成员的责任及目标也是通过对项目总目标的分解而获得的。

（2）有利于项目控制。项目主管拥有项目所有资源的调配权，有利于对项目进度、成本、质量等方面进行有力控制与协调，无需像职能式组织结构那样再通过职能部门主管或者单位主管进行协调资源。

（3）有利于人才成长。项目管理涉及需求、计划、组织、预算、评估等多种职能，项目成员在这完整管理链路中，相互配合，相互协作，相互提高，特别是有助于项目主管管理能力的提升。

单列式组织结构在项目管理中存在的不足：

（1）机构职能重叠。单列式组织按照项目所需资源来设置机构及获取相应管理权限，使得每个项目专门建立了一整套管理机构，多数情况下会造成与单位相关职能部门的职能交叉，不可避免地造成管理资源的冗余。

（2）组织不够稳定。项目组织临时组建，使得单列式组织结构随项目的产生而建立，也随项目的结束而解散。即使是下次进行同类信息系统项目的管理，也可能是不同的项目管理团队。

（三）矩阵式组织结构

职能式组织结构和单列式组织结构各有其优缺点，如何建立一种既有这两种组织结构的优点又尽可能避免两种组织结构的缺点的组织结构呢？矩阵式组织结构能相对较好地解决这个问题。矩阵式组织结构，是指将按照职能划分的纵向部门与按照项目划分的横向部门结合起来，以构成类似矩阵的管理系统。

人力资源管理信息系统不仅局限于信息的采集、更新和维护，而是需要通过信息挖掘，为人力资源管理提供业务流转、智能分析、决策支持。因此，人力资源管理信息系统项目通常是一个复杂项目，特别是在事业单位，采取职能式或者是单列式组织结构，通常难以满足管理需求。这就需要采取矩阵式组织结构，项目主管直接向最高管理层负责，并由最高管理层授权，而职能部门则从另一维度来控制和协调所属资源，既要对他们的直接上级负责，也要对项目主管负责。图3-7所示为矩阵式组织结构示意图。

矩阵式组织结构在项目管理中具备如下优势：

（1）有利于纵向提升管理效能。

（2）有利于横向提升协调效率。

（3）当项目组织解散时，项目人员有其各自归宿，极大节省单位组织资源。

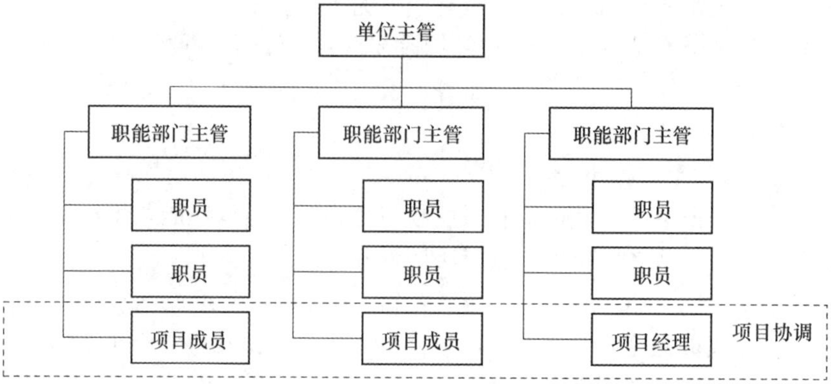

图 3-7　矩阵式组织结构示意图

（4）由于交流渠道的建立和决策点的集中，对环境的变化，以及项目的需要能迅速地做出反应。

（5）协调矛盾相对最少，减少了不必要的资源冲突。

矩阵式组织结构在项目管理中存在的不足：

（1）职能组织与项目组织间的平衡需要持续地进行调控，以防止纵向和横向互相削弱对方或者争抢资源。

（2）规划计划涉及纵横两向，难度增加。

（3）每个项目是独立进行的，容易产生重复性劳动。

五、项目管理知识体系

项目管理知识体系，从不同的管理职能和领域描述了人力资源管理信息系统项目主管需要的知识、方法、工具、技能以及相应的管理实践，通常包括九大知识领域。主要包括整体管理、范围管理、进度管理、成本管理、质量管理、人力资源管理、沟通管理、风险管理、采购管理。图 3-8 所示为项目管理知识领域示意图。

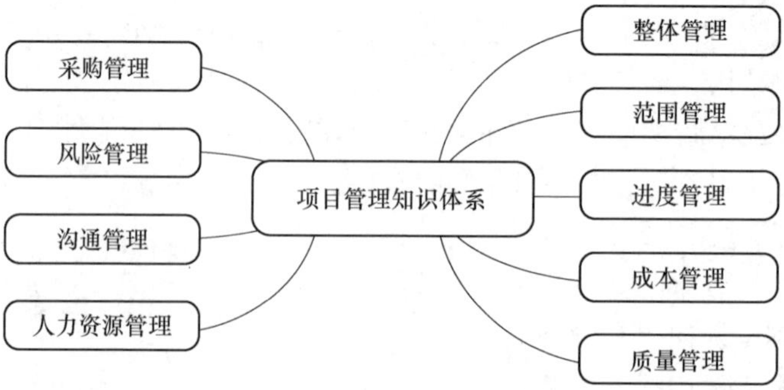

图 3-8　项目管理知识领域示意图

(一) 整体管理

项目整体管理是指保证项目各要素相互协调的全部工作和活动过程，主要工作包括制定项目章程、制定项目管理计划、指导与管理项目执行、监控项目工作、实施整体变更控制、结束项目或者阶段。其工作过程和输入、输出如表 3-1 所示。

表 3-1　信息系统项目整体管理工作过程

<table>
<tr><td rowspan="9">项目整体管理
1. 制订项目章程
2. 制订项目范围说明书
3. 制订项目管理计划
4. 指导和管理项目实施
5. 监督与控制项目工作
6. 整体变更控制
7. 项目收尾或者结束</td><td>输　入</td><td>输　出</td></tr>
<tr><td colspan="2">1. 制订项目章程</td></tr>
<tr><td>(1) 合同
(2) 工作说明书（SOW）
(3) 环境和组织的因素
(4) 组织过程资产</td><td>(1) 项目章程</td></tr>
<tr><td colspan="2">2. 初步项目范围说明书</td></tr>
<tr><td>(1) 项目章程
(2) 工作说明书
(3) 企业环境因素
(4) 组织过程资产</td><td>(1) 项目范围说明书（初步）</td></tr>
<tr><td colspan="2">3. 制订项目管理计划</td></tr>
<tr><td>(1) 项目范围说明书
(2) 项目管理过程
(3) 企业环境因素
(4) 组织过程资产</td><td>(1) 项目管理计划</td></tr>
<tr><td colspan="2">4. 指导和管理项目实施</td></tr>
<tr><td>(1) 项目管理计划
(2) 批准的纠错措施
(3) 批准的预防措施
(4) 批准的变更申请
(5) 批准的缺陷修复
(6) 经验证的缺陷修复
(7) 管理收尾规程</td><td>(1) 交付物
(2) 变更申请
(3) 已实施的变更
(4) 已实施的纠错措施
(5) 已实施的预防措施
(6) 已实施的缺陷修复
(7) 工作绩效信息</td></tr>
</table>

续表 3-1

	输　入	输　出
	5. 监督和控制项目工作	
	(1) 项目管理计划 (2) 工作绩效信息 (3) 被拒绝的变更申请	(1) 推荐的纠错措施 (2) 推荐的预防措施 (3) 预测 (4) 推荐的缺陷修复 (5) 变更申请
	6. 整体变更控制	
项目整体管理 1. 制订项目章程 2. 制订项目范围说明书 3. 制订项目管理计划 4. 指导和管理项目实施 5. 监督与控制项目工作 6. 整体变更控制 7. 项目收尾或者结束	(1) 项目管理计划 (2) 变更申请 (3) 工作绩效信息 (4) 推荐的纠错措施 (5) 推荐的预防措施 (6) 推荐的缺陷修复 (7) 交付物	(1) 批准的变更申请 (2) 拒绝的变更申请 (3) 项目管理计划更新 (4) 范围说明书更新 (5) 批准的纠错措施 (6) 批准的预防措施 (7) 批准的缺陷修复 (8) 经验证的缺陷修复 (9) 交付物
	7. 项目收尾	
	(1) 项目管理计划 (2) 项目合同 (3) 企业环境因素 (4) 组织过程资产 (5) 工作绩效信息 (6) 可交付物	(1) 管理收尾规程 (2) 合同收尾规程 (3) 最终的产品、服务和项目结果 (4) 组织过程资产（更新）

（二）范围管理

项目范围管理是指对项目的工作范围进行管理、控制的过程和活动，主要工作包括范围规划、范围定义、建立 WBS、范围验证、范围控制。其工作过程和输入、输出如表 3-2 所示。

表 3-2　信息系统项目范围管理工作过程

<table>
<tr><th></th><th>输　入</th><th>输　出</th></tr>
<tr><td rowspan="8">项目范围管理
1. 范围规划
2. 范围定义
3. 建立 WBS
4. 范围验证
5. 范围控制</td><td colspan="2">1. 范围规划</td></tr>
<tr><td>(1) 企业环境因素
(2) 组织过程资产
(3) 项目章程
(4) 范围说明书（初步）
(5) 项目管理计划</td><td>范围管理计划</td></tr>
<tr><td colspan="2">2. 范围定义</td></tr>
<tr><td>(1) 组织过程资产
(2) 项目章程
(3) 范围说明书（初步）
(4) 项目范围管理计划
(5) 批准的变更申请</td><td>(1) 范围说明书（详细）
(2) 变更申请
(3) 范围管理计划（更新）</td></tr>
<tr><td colspan="2">3. 创建工作分解结构</td></tr>
<tr><td>(1) 组织过程资产
(2) 范围说明书
(3) 项目范围管理计划
(4) 批准的变更申请</td><td>(1) 范围说明书（更新）
(2) WBS
(3) WBS 字典
(4) 范围基线
(5) 范围管理计划
(6) 变更申请</td></tr>
<tr><td colspan="2">4. 范围确认</td></tr>
<tr><td>(1) 范围说明书
(2) WBS 字典
(3) 范围管理计划
(4) 交付物</td><td>(1) 已接受的交付物
(2) 变更申请
(3) 推荐的纠正错措施</td></tr>
</table>

续表 3-2

<table>
<tr><td rowspan="4">项目范围管理
1. 范围规划
2. 范围定义
3. 建立 WBS
4. 范围验证
5. 范围控制</td><td>输　入</td><td>输　出</td></tr>
<tr><td colspan="2">5. 范围控制</td></tr>
<tr><td>（1）范围说明书
（2）WBS
（3）WBS 字典
（4）范围管理计划
（5）绩效报告
（6）批准的变更申请
（7）工作绩效信息</td><td>（1）范围说明书（更新）
（2）WBS（更新）
（3）WBS 字典（更新）
（4）范围基线（更新）
（5）变更申请
（6）推荐的纠正措施
（7）组织过程资产（更新）
（8）项目管理计划（更新）</td></tr>
</table>

（三）进度管理

项目进度管理是指在项目的进展中，对项目活动时间及日程安排所进行的管理过程和活动，主要工作包括活动定义、活动排序、活动资源估算、活动历时估算、制订进度计划、进度控制。其工作过程和输入、输出如表 3-3 所示。

表 3-3　信息系统项目进度管理工作过程

<table>
<tr><td rowspan="5">项目进度管理
1. 活动定义
2. 活动排序
3. 活动资源估算
4. 活动历时估算
5. 制订进度计划
6. 进度控制</td><td>输　入</td><td>输　出</td></tr>
<tr><td colspan="2">1. 活动定义</td></tr>
<tr><td>（1）企业环境因素
（2）组织过程资产
（3）项目范围说明书
（4）WBS
（5）WBS 字典
（6）项目管理计划</td><td>（1）项目活动清单
（2）活动清单属性
（3）里程碑清单
（4）发起的变更</td></tr>
<tr><td colspan="2">2. 活动排序</td></tr>
<tr><td>（1）活动清单
（2）活动清单属性
（3）项目范围说明书
（4）里程碑清单
（5）批准的变更申请</td><td>（1）项目计划网络图
（2）活动清单（更新）
（3）活动属性（更新）
（4）请求的变更</td></tr>
</table>

续表 3-3

	输 入	输 出
项目进度管理 1. 活动定义 2. 活动排序 3. 活动资源估算 4. 活动历时估算 5. 制订进度计划 6. 进度控制	3. 活动资源估算	
	(1) 企业环境因素 (2) 组织过程资产 (3) 活动清单 (4) 活动属性 (5) 资源可用性 (6) 项目管理计划	(1) 活动资源需求 (2) 更新的活动属性 (3) 资源分解结构 (4) 更新的资源日历 (5) 变更请求
	4. 活动历时估算	
	(1) 企业环境因素 (2) 组织过程资产 (3) 项目范围说明书 (4) 活动清单 (5) 活动清单属性 (6) 活动资源需求	(1) 活动历时估算结果 (2) 活动清单属性（更新）
	5. 制订进度计划	
	(1) 组织过程资产 (2) 项目范围说明书 (3) 活动清单 (4) 活动属性 (5) 项目进度网络图 (6) 活动资源需求 (7) 资源日历	(1) 项目进度计划 (2) 进度模型数据 (3) 进度基准 (4) 资源需求（更新） (5) 活动属性（更新） (6) 项目日历（更新） (7) 请求的变更
	6. 进度控制	
	(1) 项目进度计划 (2) 进度基准 (3) 绩效报告 (4) 已批准的变更需求	(1) 进度模型数据（更新） (2) 进度基准（更新） (3) 绩效衡量 (4) 变更需求 (5) 建议的纠正措施 (6) 组织过程资产 (7) 活动清单

（四）成本管理

项目成本管理是指为保证项目实际发生的成本不超过项目的预算成本，而进行的成本估算、成本预算和成本控制等方面的管理过程和活动，主要工作包括成本估算、成本预算、成本控制。其工作过程和输入、输出如表 3-4 所示。

表 3-4　信息系统项目成本管理工作过程

	输　入	输　出
项目成本管理 1. 成本估算 2. 成本预算 3. 成本控制	1. 成本估算	
	（1）企业环境因素 （2）组织过程资产 （3）项目范围说明书 （4）WBS （5）WBS 字典 （6）项目管理计划	（1）项目成本估算结果 （2）相关支持性细节文件和结果 （3）请求的变更 （4）成本管理计划（更新）
	2. 成本预算	
	（1）项目范围说明书 （2）WBS （3）WBS 字典 （4）活动成本估算 （5）活动成本估算的支持性细节 （6）项目进度计划	（1）成本基准计划 （2）项目资金需求 （3）项目管理计划（更新） （4）请求的变更
	3. 成本控制	
	（1）成本基准 （2）项目的资金需求 （3）成本绩效报告 （4）工作绩效信息 （5）批准的变更申请 （6）项目管理计划	（1）成本估算 （2）成本基线（更新） （3）绩效衡量 （4）预测完工 （5）请求的变更 （6）建议的纠正措施 （7）组织过程资产（更新） （8）项目管理计划（更新）

（五）质量管理

项目质量管理是指为了满足开展项目各方面的要求，实施项目的组织确定质量方针、目标和责任的管理过程和活动，主要工作包括质量计划、质量保证、质量控制。其工作过程和输入、输出如表 3-5 所示。

表 3-5　信息系统项目质量管理工作过程

	输　入	输　出
项目质量管理 1. 质量计划 2. 质量保证 3. 质量控制	1. 质量计划	
	（1）项目章程 （2）项目管理计划 （3）项目范围说明书 （4）组织过程资产 （5）环境和组织因素	（1）质量管理计划 （2）质量度量指标 （3）质量检查单 （4）过程改进计划 （5）项目管理计划（更新）
	2. 质量保证	
	（1）质量管理计划 （2）质量度量标准 （3）过程改进计划 （4）工作绩效信息 （5）变更请求 （6）质量控制测量	（1）请求的变更 （2）建议的纠正措施 （3）组织过程资产（更新） （4）项目管理计划（更新）
	3. 质量控制	
	（1）质量管理计划 （2）质量度量标准 （3）质量检查表 （4）组织过程资产 （5）工作绩效信息 （6）已批准的变更请求 （7）产品、服务和结果	（1）建议的纠正措施 （2）建议的预防措施 （3）请求的变更 （4）建议的缺陷修复 （5）已确认的缺陷修复 （6）项目管理计划（更新） （7）质量控制度量 （8）组织过程资产（更新）

（六）人力资源管理

项目人力资源管理是指项目主管对该项目所需的人力资源进行的科学计划、适当培训、合理配置、准确评估和有效激励等一系列管理过程和活动，主要工作包括人力资源计划编制、组建项目团队、项目团队建设、管理项目团队。其工作过程和输入、输出如表 3-6 所示。

表 3-6　信息系统项目人力资源管理工作过程

<table>
<tr><td rowspan="9">人力资源管理
1. 人力资源计划编制
2. 组建项目团队
3. 项目团队建设
4. 管理项目团队</td><td>输　入</td><td>输　出</td></tr>
<tr><td colspan="2">1. 人力资源计划编制</td></tr>
<tr><td>（1）活动资源估计
（2）环境和组织因素
（3）项目管理计划</td><td>（1）角色和职责
（2）项目的组织结构图
（3）人员配备管理计划</td></tr>
<tr><td colspan="2">2. 组建项目团队</td></tr>
<tr><td>（1）角色和职责
（2）项目的组织结构图
（3）人员配备管理计划
（4）环境和组织因素
（5）组织过程资产</td><td>（1）项目人员分配
（2）资源日历
（3）人员配备管理计划（更新）
（4）资源可用性</td></tr>
<tr><td colspan="2">3. 项目团队建设</td></tr>
<tr><td>（1）项目人员分配
（2）人员配备管理计划</td><td>团队绩效评估</td></tr>
<tr><td colspan="2">4. 管理项目团队</td></tr>
<tr><td>（1）项目人员分配
（2）角色和职责
（3）项目的组织结构图
（4）人员配备管理计划
（5）绩效报告
（6）团队绩效评估
（7）组织过程资产</td><td>（1）人员配备管理计划（已更新）
（2）变更请求
（3）组织过程资产（更新）</td></tr>
</table>

（七）沟通管理

项目沟通管理是为确保项目信息合理收集和传递，对项目信息的内容、信息传递的方式、信息传递的过程等进行的管理过程和活动，主要工作包括沟通计划编制、信息分发、绩效报告、项目干系人管理。其工作过程和输入、输出如表3-7所示。

表 3-7　信息系统项目沟通管理工作过程

<table>
<tr><td rowspan="9">项目沟通管理
1. 沟通计划编制
2. 信息分发
3. 绩效报告
4. 项目干系人管理</td><td>输　入</td><td>输　出</td></tr>
<tr><td colspan="2">1. 沟通计划编制</td></tr>
<tr><td>（1）组织过程资产
（2）项目章程
（3）项目管理计划
（4）项目范围说明书</td><td>沟通管理计划</td></tr>
<tr><td colspan="2">2. 信息分发</td></tr>
<tr><td>（1）工作绩效信息
（2）沟通管理计划</td><td>（1）更新的项目管理计划
（2）组织过程资产</td></tr>
<tr><td colspan="2">3. 绩效报告</td></tr>
<tr><td>（1）工作绩效信息
（2）项目管理计划
（3）预测
（4）已批准的变更请求
（5）可交付物</td><td>（1）绩效报告
（2）预测
（3）需求变更
（4）更新的项目管理计划
（5）建议的纠正措施
（6）组织过程资产</td></tr>
<tr><td colspan="2">4. 项目干系人管理</td></tr>
<tr><td>（1）项目管理计划
（2）沟通管理计划
（3）组织过程资产</td><td>（1）问题解决
（2）更新的项目沟通管理计划
（3）组织过程资产</td></tr>
</table>

（八）风险管理

项目风险管理是指通过风险识别和风险评估认识项目的风险，并以此为基础合理地使用各种风险的应对措施、管理方法、技术和手段，对项目风险实行有效的应对和监控的过程和活动，主要工作包括风险管理计划编制、风险识别、定性风险分析、定量风险分析、风险应对计划编制、风险监控。其工作过程和输入、输出如表 3-8 所示。

表 3-8　信息系统项目风险管理工作过程

<table>
<tr><td rowspan="7">项目风险管理
1. 风险管理计划编制
2. 风险识别
3. 定性风险分析
4. 定量风险分析
5. 风险应对计划编制
6. 风险监控</td><td>输　入</td><td>输　出</td></tr>
<tr><td colspan="2">1. 风险管理计划编制</td></tr>
<tr><td>（1）项目章程
（2）项目范围说明书
（3）项目管理计划
（4）组织过程资产
（5）环境和组织因素</td><td>风险管理计划</td></tr>
<tr><td colspan="2">2. 风险识别</td></tr>
<tr><td>（1）项目章程
（2）项目范围说明书
（3）项目管理计划
（4）组织过程资产
（5）环境和组织因素</td><td>（1）风险记录
（2）项目管理计划（更新）</td></tr>
<tr><td colspan="2">3. 定性风险分析</td></tr>
<tr><td>（1）项目管理计划
（2）组织过程资产
（3）工作绩效信息
（4）项目范围说明
（5）风险记录</td><td>风险记录（更新）</td></tr>
</table>

续表 3-8

<table>
<tr><th></th><th>输 入</th><th>输 出</th></tr>
<tr><td rowspan="6">项目风险管理
1. 风险管理计划编制
2. 风险识别
3. 定性风险分析
4. 定量风险分析
5. 风险应对计划编制
6. 风险监控</td><td colspan="2">4. 定量风险分析</td></tr>
<tr><td>(1) 项目管理计划
(2) 组织过程资产
(3) 风险记录</td><td>风险记录（更新）</td></tr>
<tr><td colspan="2">5. 风险应对计划编制</td></tr>
<tr><td>(1) 风险管理计划
(2) 风险记录</td><td>(1) 风险记录（更新）
(2) 风险相关的合同协议</td></tr>
<tr><td>6. 风险监控</td><td></td></tr>
<tr><td>(1) 项目管理计划
(2) 工作绩效信息
(3) 批准的变更请求
(4) 已批准的变更需求</td><td>(1) 建议的纠正措施
(2) 变更申请
(3) 风险记录（更新）
(4) 组织过程资产（更新）</td></tr>
</table>

（九）采购管理

项目采购管理是指为实现项目的目标而从项目组织外部获取物料、工程和服务所需的过程和活动，主要工作包括采购计划编制、编制合同、招标、供方选择、合同管理、合同收尾。其工作过程和输入、输出如表 3-9 所示。

表 3-9 信息系统项目采购管理工作过程

<table>
<tr><th></th><th>输 入</th><th>输 出</th></tr>
<tr><td rowspan="2">项目采购管理
1. 采购计划编制
2. 编制合同
3. 招标
4. 供方选择
5. 合同管理
6. 合同收尾</td><td colspan="2">1. 采购计划编制</td></tr>
<tr><td>(1) 项目章程
(2) 项目范围说明书
(3) 项目管理计划
(4) WBS 和 WBS 字典
(5) 环境和组织因素
(6) 组织过程资产
(7) 风险记录</td><td>(1) 采购管理计划
(2) 工作说明书 SOW
(3) 自制/外购决定
(4) 项目管理计划（更新）</td></tr>
</table>

续表 3-9

	输 入	输 出
项目采购管理 1. 采购计划编制 2. 编制合同 3. 招标 4. 供方选择 5. 合同管理 6. 合同收尾	2. 编制合同	
	(1) 采购管理计划 (2) 工作说明书 (3) 项目管理计划 (4) 自制/外购决定	(1) 采购文档 (2) 评估标准 (3) 工作说明书 SOW（更新）
	3. 招标	
	(1) 采购文档 (2) 组织过程资产	(1) 合格卖方清单 (2) 采购文件包 (3) 建议书
	4. 供方选择	
	(1) 建议书 (2) 评估标准 (3) 组织过程资产 (4) 风险数据库 (5) 风险相关的合同协议 (6) 合格卖方清单 (7) 采购文件包	(1) 选择的供方 (2) 合同 (3) 合同管理计划 (4) 资源可用性
	5. 合同管理	
	(1) 合同 (2) 绩效报告 (3) 已批准的变更申请 (4) 工作绩效信息 (5) 选择的供方	(1) 组织过程资产（更新） (2) 请求的变更 (3) 建议的纠正措施 (4) 合同文件
	6. 合同收尾	
	(1) 合同文件 (2) 合同收尾过程	(1) 合同文件 (2) 正式验收和收尾 (3) 经验教训

第四章　人力资源管理信息系统项目立项管理

项目立项是指成立项目。这是组织人力资源管理信息系统项目建设的首要环节，特别是事业单位人力资源管理信息系统项目，必须列入政府或者项目发起单位的计划之中。本章以立项流程为主线，系统研究人力资源管理信息系统项目立项中的需求分析、项目可行性研究、项目论证与评估、项目初步设计、项目招标投标等内容。

一、项目需求分析

项目需求分析是人力资源管理信息系统项目立项的第一步，其目的是研究提出建设人力资源管理信息系统的核心需求，重点论证必要性，输出文件是项目建议书。

项目建议书内容主要包括项目必要性、信息系统建设现状与差距、建设发展目标和核心功能指标、推进落实举措和路线图。项目建议书的拟制，必须严格遵守相关主管部门有关项目建议书编制的格式、内容和技术要求。项目建议书经项目审批单位审批后方可转入项目可行性研究。项目建议书的审批，通常采取专家审核、单位主管领导审批的方式进行，重点对项目的必要性进行审核，一般在此阶段不对项目可行性进行审核。

二、项目可行性研究

为了避免进行盲目的投入，在决定一个信息系统项目是否应当立项之前，需要对项目的背景、意义、目标、开发内容、国内外同类产品和技术、本项目的创新点、技术路线、投资额度与详细预算、管理效益等多方面进行全面的分析研究。可行性研究的目的是在信息系统项目立项之前，对所要承担的系统建设任务，从技术可行性、经济可行性、运行可行性等方面进行综合评价，形成可行性研究报告，为项目审批和实施招投标提供支撑。

（一）技术可行性分析

技术可行性分析是指在当前市场的技术、产品条件限制下，能否利用现在以及通过联合开发、委托开发等方式可能拥有的技术能力，实现项目的目标、功能、性能，能否在规定的时间期限内完成整个项目。技术可行性分析，主要考虑项目开发风险、人力资源储备、技术能力现状等因素。图 4-1 所示为技术可行性分析考虑主要因素示意图。

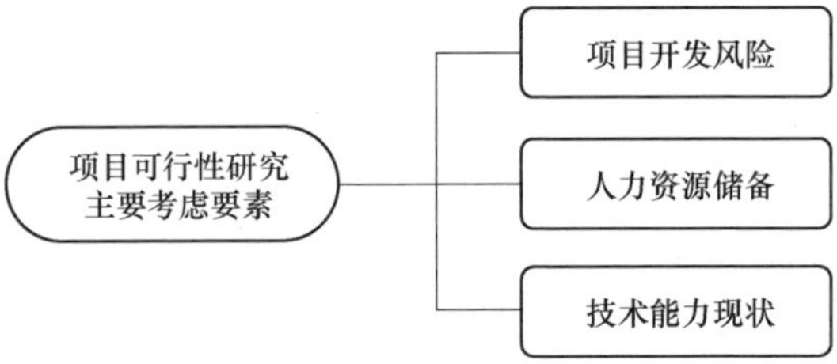

图 4-1　技术可行性分析考虑主要因素示意图

项目开发风险：在给定的限制范围和时间期限内，能否设计出预期的系统并实现必需的功能和性能。

人力资源储备：可以用于项目开发的技术人员队伍是否能够建立，是否存在人力资源不足、技术能力欠缺等问题，是否可以在市场上或者通过培训获得所需要的熟练技术人员。

技术能力现状：相关技术的发展趋势和当前所掌握的技术是否支持该项目的开发，市场上是否存在支持该技术的开发环境、平台和工具。

（二）经济可行性分析

经济可行性分析是指根据单位财务收入、支出和预算等情况，对项目的投资及所产生的经济效益进行分析。经济可行性分析，主要考虑支出分析、收益分析、负荷分析等因素。图 4-2 所示为经济可行性分析考虑主要因素示意图。

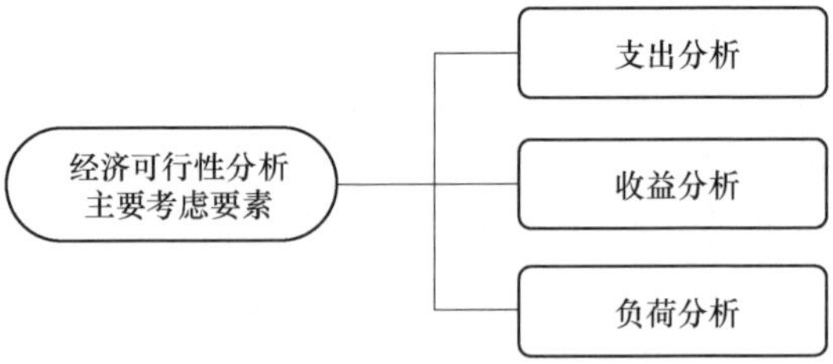

图 4-2　经济可行性分析考虑主要因素示意图

支出分析：信息系统项目的支出可以分为直接支出和间接支出。其中，直接支出包括系统开发费、设备购置费等，间接指出包括人员工资、福利、水电等公用设施使用费，以及其他消耗品支出等。

收益分析：信息系统项目的收益包括直接收益、间接收益。其中，直接收益是指通过项目实施获得的直接经济效益，间接收益是指通过项目的实施，实现了管理效能的提高、维护成本的降低等。

负荷分析：在信息系统运行和维护中产生的开支，主要包括网络基础设施、计算机设备升级等。

（三）运行可行性分析

人力资源管理信息系统项目既包括信息系统软件和应用的本身，也包括支撑软件和应用运行的网络基础设施、计算机设备，还需要相关部门的常态管理和维护。因此还需要从管理维护的视角，对项目运行中的管理成本、数据积累消耗、硬件平台升级等进行综合考量，是否能够在用户单位顺利运行，可持续运行。

以上三类分析，在某些方面会出现交叉，这是由于信息系统的复杂性决定的，并不影响分析的最终结果。

（四）可行性研究报告

综合技术可行性分析、经济可行性分析、运行可行性分析结果，研究拟制项目可行性研究报告。项目可行性研究报告，主要包括项目概况、项目可行性总体评价、主要技术指标、主要经济指标、主要运行指标、存在的问题及建议等。这一工作环节，可以不再重复进行必要性分析，而是将已经批复的项目建议书作为输入文件即可。

三、项目论证与评估

项目论证与评估是项目立项的重要关口。项目论证与评估，是指对项目必要性、可行性进行论证与评估，具体是对项目建议书、项目可行性研究报告的内容，从技术先进性、经济合理性、运行可行性和风险性等方面进行全面、科学的综合分析。

项目论证与评估，可以区分项目建议书的论证与评估、项目可行性研究报告的论证与评估，也可以合并进行。在人力资源管理信息系统的建设实践中，通常对项目建议书、项目可行性研究报告一并进行论证。

项目论证与评估，应当组织成立专家组或者授权第三方，充分听取各方面专家意见，重点论证与评估项目必要性、可行性。项目论证与评估报告作为项目审批的重要依据。

四、项目初步设计

项目初步设计是按照项目审批单位对可行性研究报告批复的要求，组织有资质的设计单位进行项目设计，提出项目估算。项目初步设计的内容，主要包括项目需求、项目内容、技术方案和实施计划、资金概算、风险分析等。图 4-3 所示为项目初步设计主要内容示意图。

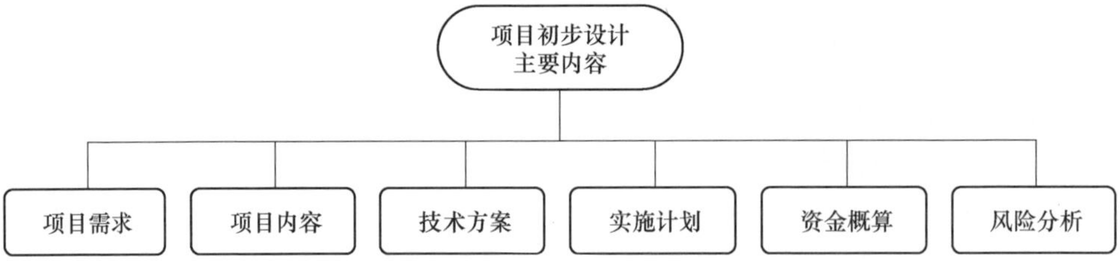

图 4-3　项目初步设计主要内容示意图

（一）项目需求

在可行性研究报告的基础上，进一步明确人力资源管理业务流程和信息输入与输出，只有在流程清晰、信息的输入输出明确的前提下，才能进一步明确系统的边界、规模和运行环境等要求。

（二）项目内容

明确系统建设的业务管理功能，以及性能、信息、网络、安全等技术需求。这些内容既有定性的描述，也有定量的分析，通过业务管理功能和业务数据跟踪，分析系统信息处理量和信息存储量，进而预测项目建设周期、初步确定网络基础设施和计算机设备选型。

（三）技术方案

从技术实现的角度，对总体架构进行层次划分，细化各层之间的接口方式、数据融合方法。通常技术方案需要提供多案，通过综合比对，进而提出优选方案和建议。

（四）实施计划

实施计划主要包括项目的领导管理机构、组织实施机构和运行维护机构，按照可行性研究报告批复的招标投标事项核准意见设计招标方案，明确项目建设的时间进度安排，细化质量管理、进度管理、资金管理、风险管理的具体措施等。

（五）资金概算

按照项目发起单位的财务管理要求，综合需求与可能，形成初步资金概算，明确资金支出预期安排。

（六）风险分析

从政策、技术、资金等方面，分析项目实施过程中的不确定性，针对各类风险制订有效的应对策略。

项目初步设计方案，应当组织专家评审，并进一步修改完善，然后按照审批程序有关要求进行相关的报批工作。

五、项目招标投标

项目招标投标是人力资源管理信息系统立项的必要环节，需要按照招标投标相关管理规定，遵循“公开、公正、公平”原则，通常按照确定招标范围、确定招标方案、明确招标投标工作任务、组织工作组成员学习、确定招标代理机构、组织编制招标文件、审核修改发布招标文件、投标、参与开标和评标活动、中标、完成招标方式统计、合同谈判与签订的步骤组织实施。图 4-4 所示为项目招标投标程序步骤示意图。

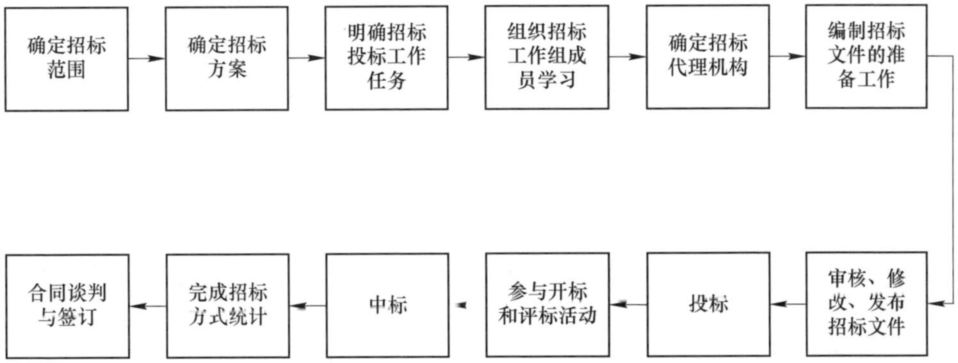

图 4-4　项目招标投标程序步骤示意图

（一）确定招标范围

根据项目初步设计方案，结合人力资源管理信息系统项目的具体建设内容，进一步细化招标范围，确定哪些建设内容需要直接采购、哪些建设内容需要研发、哪些建设内容可以进行打包和分包。

（二）确定招标方案

由项目发起单位拟制招标方案，明确定义项目各包的具体任务，以及包与包之间的相互关系，确定每一个包的招标形式，规范每一个包的名称、招标对象、建设任务、招标顺序、招标方式和招标组织与参与者等。

（三）明确招标投标工作任务

由项目发起单位组织建立招标工作组，对招标投标阶段的工作任务进行具体安排，内容主要包括确定招标代理机构并签订招标委托协议等招标启动工作；与招标代理机构协商确定招标文件，在初步设计的基础上进一步梳理和细化用户需求、提出项目执行要求、审核招标文件等；招标代理机构发布招标文件后，参与开标与评标活动；审阅中标候选单位的投标文件，与中标候选单位进行交流，指出投标文件中存在的问题，要求中标候选单位提交项目建设思路，招标代理机构发放中标通知书；进行合同条款的谈判，达成一致后，签订合同等。

（四）组织招标工作组成员学习

采取集体学习、个人学习相结合，组织招标工作组成员认真学习领会国家有关招标投标的法律法规和规章制度。国家有关招标投标的法律法规和规章制度，主要包括《中华人民共和国招标投标法》《中华人民共和国政府采购法》《工程建设项目货物招标投标办法》《国家重大建设项目招标投标监督暂行办法》《涉及国家秘密的计算机信息系统集成资质管理办法》等。此外，招标工作组成员还要充分了解项目背景、用户需求和项目发起单位相关制度规定。

（五）确定招标代理机构

根据招标方案，为每一项招标任务选择合适的招标代理机构，也可以根据情况打包赋予一家具有综合资质的招标代理机构。通常可以采用直接委托的方式或者其他竞争方式选择招标代理机构，并与招标代理机构签订招标代理委托协议书，明确招标代理机构的责任、任务、工作要求和招标代理服务费相关事宜等。

确定招标代理机构后，招标工作组应当与选定的招标代理机构进行充分沟通，介绍人力资源管理信息系统项目的立项背景、招标方案、各包之间的相互关系，明确招标文件编制的基本要求、招标单位和招标代理机构在招标文件编制中的工作分工、招标文件编制以及发标评标的进度要求，以及相关安全保密要求等。

（六）组织编制招标文件

由招标代理机构牵头，会同招标工作组共同制定招标文件。通常由招标代理机构主导明确评标标准和方法、投标资格要求和其他商务要求，由招标工作组主导明确招标的任务范围、质量要求、工期要求，以及人力资源管理信息系统项目具体的建设目标、功能需求、实施计划、服务要求和验收条件等。

招标文件内容主要包括招标项目的技术要求、对投标单位要求、投标报价要求和评标标准，以及拟签订合同的主要条款。其中，招标项目需要划分标段、确定工期的，招标代理机构应当会同招标工作组，合理划分标段、确定工期，并在招标文件中载明。招标文件不得要求或者标明特定的生产供应以及含有倾向或者排斥潜在投标单位的其他内容。

对投标单位要求应当尽可能具体和明确，通常包括资质要求、设计要求、开发要求、人员要求、质量与进度要求、安全保密要求、计划要求、投资要求、服务要求、培训要求、评审验收要求等。

资质要求主要包括单位资质要求和项目主管资质要求，通常需要提供相应单位资质等级证书和项目主管资质证书。

设计要求主要包括相关技术标准规范的易用性要求、开放性要求、可靠性要求、安全性要求等。

开发要求主要包括根据用户需求持续改进，直到合同规定的各项功能全部达到用户的使用要求，并满足易用性的相关指标等。

人员要求主要包括组成稳定的项目团队，积极与相关各方互相配合，符合职业操守等。

质量与进度要求主要包括按照合同规定的质量和工期完成建设任务等。

安全保密要求主要包括从用户获取的保密，对业务流程的保密，对数据信息的保密等。

计划要求主要包括按照项目实施计划的内容要求、时间要求、协作要求等，以及与用户沟通后，经项目发起单位批准后，对项目实施计划的更新要求等。

投资要求主要包括投标单位的报价，应包含为完成招标文件提出的各项建设任务过程中所有可能发生的费用等。

服务要求主要包括在系统建设、运行和质量保证期内，都应提供良好的驻场技术支持与服务、制订日常运行服务和应急响应方案等。

培训要求主要包括提供使用培训、维护培训的师资人员和教材资料等。

评审验收要求主要包括对所有项目里程碑点必须组织内部评审和监理审核，并提交评审记录和结论等。

（七）审核、修改、发布招标文件

招标代理机构形成完整的招标文件后，按照招标文件审核流程，招标工作组应组织监理单位、项目发起单位、用户等进行审核、修改招标文件。监理单位重点审核项目招标文件是否符合相关政策，是否满足公开、公正、公平原则；项目发起单位和用户重点审核内容、工期、质量、投资、验收、服务和质量保证等是否与项目招标范围、招标方案相一致。

对于公开招标方式的，应当发布招标公告。对于采用邀请招标方式的，应当向 3 个以上具备承担招标项目的能力、资信良好的特定法人或者其他组织发出投标邀请书。

招标代理机构应当提醒和帮助招标单位，在招标公告或者投标邀请书中，可以要求潜在投标单位提供有关资质证明文件和业绩情况，并对潜在投标单位进行资格审查，不可以对符合条件的潜在投标单位给予不公正待遇。

（八）投标

投标单位应当具备承担招标项目的能力，应当按照招标文件要求编制投标文件。投标文件，应当对招标文件提出的实质性要求和条件做出一一响应。

投标单位不得相互串通投标报价，不得排挤其他投标单位的公平竞争，损害招标单位或者其他投标单位的合法权益；不得与招标单位串通投标，损害国家利益、社会公共利益或者他人的合法权益；不得以低于成本的报价竞标，也不得以他人名义投标或者以其他方式弄虚作假，骗取中标。

招标单位不得强制投标单位组成联合体共同投标，不得限制投标单位之间的竞争。

（九）参与开标和评标活动

招标工作组应当参加和协助招标代理机构的开标和评标活动。在评标活动中，招标工作组应当负责向评标专家介绍人力资源管理信息系统工程的立项背景、总体情况、功能需求等。

开标时，由投标单位或者其推选的代表检查投标文件的密封情况，也可以由招标单位委托的公证机构检查并公证；经确认无误后，由招标代理机构工作人员当众拆封，宣读投标单位名称、投标价格和投标文件的其他主要内容。招标单位在招标文件要求提交投标文件的截止时间前收到的所有投标文件，开标时都应当当众予以拆封、宣读。开标过程应当记录，并存档备查。

由招标代理机构牵头会同招标单位组建评标委员会。评标委员会委员通常由 7 人组成，其中招标单位代表 2 人，本系统技术专家 2 人、经济专家 1 人，外系统技术专家2人。由评标委员会委员召开开标会议、组织评标。

(十) 中标

由招标代理机构明确中标标准，通常包括满足招标文件核心内容标准、价格取向性标准、服务综合性标准等。招标文件核心内容标准，应当最大限度地满足招标文件中明确的实质性条款；价格取向性标准，应当建立在满足招标文件核心要求前提下，投标价格最优，且不能低于成本；服务综合性标准应当最大满足招标文件服务条款，并能主动提出具有特色的服务。

评标委员会应当客观、公正、独立地履行职务，遵守法律规范和职业道德，对所提出的评审意见承担个人责任。评标委员会成员不得私下接触投标单位，不得收受投标单位的财物或者其他好处，不得透露对投标文件的评审和比较、中标候选单位的推荐情况，以及与评标有关的其他情况。

招标单位应当严格遵守法律规范，不得与投标单位就投标价格、投标方案等实质性内容进行谈判，应当在15日内向有关行政监督部门提交招标投标情况的书面报告。

中标单位应当按照合同约定履行义务，完成中标项目，不得擅自向其他单位转让中标项目，也不得将中标项目分解后分别向其他单位转让，但是可以根据合同约定或者经招标单位同意，将中标项目的部分非主体、非关键性工作分包给其他单位完成。接受分包的单位应当具备相应的资格条件，并不得再次分包。中标单位应当就分包项目向招标单位负责，接受分包的单位就分包项目承担连带责任。

(十一) 完成招标方式统计

招标方式可以按照《中华人民共和国政府采购法》中政府采购方式进行划分，包括公开招标、邀请招标、竞争性谈判、单一来源采购、询价以及直接委托等。对于符合以上招标形式的，在中标完成后，应当组织招标方式统计。

招标方式统计主要将招标情况和招标过程与项目审批部门核准的建设项目招标方案进行比对，记录和核准招标范围、招标形式、招标代理机构资格、中标单位资格、招标时间安排、合同名称、合同金额等信息。

(十二) 合同谈判与签订

合同谈判需要充分做好相关准备。合同谈判准备工作，主要包括沟通合同主要条款、阅读中标候选单位投标文件等。

沟通合同主要条款应当尽可能在主要条款上达成初步一致。主要条款，通常包括对交付物的定义；工程的质量、进度、投资要求；验收条件及要求；工程其他要求；支付条件及方式；质量保证期及服务要求；违约责任与惩罚；合同终止与变更等。

阅读中标候选单位投标文件，目的是找出其存在的与招标文件中相关要求的偏差，并分析偏差产生的原因，指导中标候选单位进行调整完善。其中，对于因对项目理解不够充分产生的偏差，可以通过沟通交流的办法消除偏差；对于为成本不明、任务不清、服务不配套等偏差，应当重申招标文件相关要求，要求中标候选单位按照招标文件比对完善。

在充分做好合同谈判准备工作的基础上，应当组织合同正式谈判与签订工作。以招标文件中的合同条款和准备工作中协商结果为基础，组织用户单位、监理单位、集成单位、运行维护单位等所有相关单位进行合同谈判。在对合同条款达成一致后，按照合同审核与签订流程，组织双方签订合同。履行好合同签订相关手续后，应当将合同发布给人力资源管理部门、财务管理部门、档案管理部门、监理单位等进行备案。

第五章　人力资源管理信息系统项目整体管理

在人力资源管理信息系统项目管理中，整体管理对于项目成败具有关键作用。有效的整体管理可以协调项目管理各过程组有序工作，加强与管理干系人的沟通，引导项目最终顺利完成。人力资源管理信息系统项目整体管理，主要包括制定项目章程、制定项目管理计划、指导与管理项目执行、监控项目工作、实施整体变更控制、结束项目或者阶段等。

一、制定项目章程

制定项目章程，是指为项目或者某一阶段进行授权、整理和记录项目干系人需求、期望等文件的过程。这一过程是项目管理中重要的前期工作。项目章程，是人力资源管理信息系统项目使用方与提供方之间达成的一系列的初步协议，为项目主管、实施者和使用者之间建立了顺畅的协同关系，是整个项目管理过程中最重要的项目文件。换言之，项目章程也可以理解为项目主管、实施者和使用者的契约。项目章程，通常由项目主管牵头拟制，邀请项目干系人共同参加，拟制内容主要包括对项目范围的界定、对项目目标的定义和表述等。

（一）项目章程的制定程序

项目章程，通常按照收集基本信息、编制项目章程、审核项目章程的步骤组织实施。项目章程制定程序如图 5-1 所示。

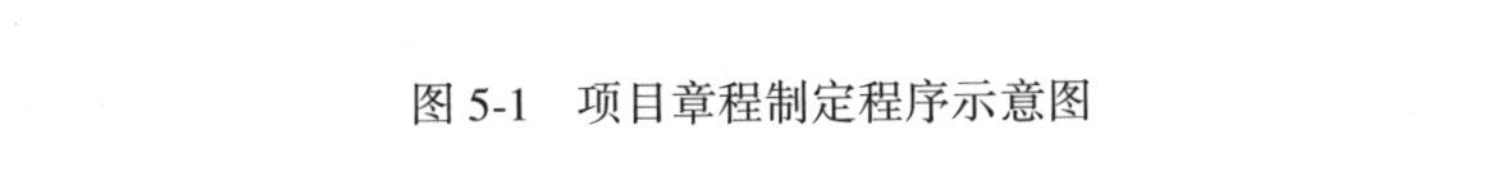

图 5-1　项目章程制定程序示意图

1. 收集基本信息

这是制定项目章程的基础工作。在制定项目章程之前，项目团队应当收集与项目有关的重要信息，如项目发起单位的建设规划、项目干系人基本情况、项目建议书、项目可行性研究论证报告、招标文件、历史项目的有关信息等。

2. 编制项目章程

这是制定项目章程的核心工作。项目章程通常由项目主管组织编制，项目章程内容主要包括项目发起单位信息、项目概述、项目起止时间和阶段划分、项目预算等。其中，项目发起单位信息包括姓名、职务、职权等；项目概述包括项目来源、项目目标、项目范围、项目成果形式、项目主管和团队成员、项目干系人识别、项目不可控外部因素、其他尚待确定事宜等；项目起止时间和阶段划分包括项目启动时间、项目交付时间、项目组织实施中重要阶段划分等；项目预算包括物资、人员、外包工作、预算金额等。图 5-2 所示为项目章程的内容要素示意图。

基本要素	项目发起单位信息	项目概述	项目起止时间和阶段划分	项目预算
详细内容	姓名	项目来源	项目启动时间	物资
	职务	项目目标	项目交付时间	人员
	职权	项目范围	项目组织实施重要阶段划分	外包工作
	……	项目成果形式	……	预算金额
		项目主管和团队成员		……
		项目干系人识别		
		项目不可控外部因素		
		其他尚待确定事宜…		

图 5-2　项目章程的内容要素示意图

3. 审核项目章程

这是制定项目章程的“出口”把关工作。项目审核通常由项目发起单位组织审核，按照专家集体会审、部门领导审议的步骤进行。

（二）制定项目章程的输入

输入通常可以理解为做此项工作的依据。制定人力资源管理信息系统项目章程，通常依据项目工作说明书、项目论证报告，以及合同、项目制约因素、组织积累的相关资源等。

项目工作说明书：项目工作说明书是对项目所需交付的产品或者服务的定性描述，通常包括项目需求、产品范围描述、战略计划等内容。其中，项目需求主要包括人力资源管理业务需求、信息系统技术需求、信息系统培训需求等；产品范围描述主要包括项目所要提供的产品或者服务的特性，以及产品或者服务与项目所需要满足的业务需求之间的关系；战略计划，主要包括项目发起单位战略计划或者是人力资源管理行业战略要求等。

项目论证报告：项目论证报告是从人力资源管理效能的角度，分析项目建设的必要性、可行性和价值需求。通常为证实项目的价值，项目论证报告需要包括业务需求、用户需求、技术需求、法律需求等内容。

合同：合同用规范的语言记述了项目发起单位与项目实施方的约定，一方面反映项目核心需求，一方面体现项目建设、运行和服务要求。根据项目属性、项目规模的不同，有时合同会规定项目章程是合同的一部分，需要双方签字盖章，与项目合同具有同等的法律效力。

项目的制约因素：能够对人力资源管理信息系统项目产生影响的因素主要包括但不限于国家和地方政策、人力资源管理行业标准、项目发起单位网络信息基础设施和相关技术储备等。

组织积累的相关资源：许多公共事业单位，长期以来积累了符合自身单位特点和所在领域特点的项目管理体系，这一项目管理体系中会规定项目的管理流程、职责关系、培训体系、规章制度，以及过去建立其他信息系统所获取的经验教训等。这些都是项目章程制定的重要输入文件。

（三）制定项目章程的输出

输出通常可以理解为做此项工作后的可以物化的结果。项目章程，是在制定项目章程工作过程中所形成的最终文件，是项目管理过程中正式批准的文件。该文件具有授权作用，可以授权项目主管在项目实施过程中运用各类组织资源，通常由项目发起单位负责人或者高级管理者颁发，并分发给项目干系人。

项目章程主要记录业务需求、对用户需求的理解，以及需要交付的产品、服务或者其他成果，具体包括以下内容：项目背景、项目目的、项目目标、项目总体要求、项目描述、项目主要风险、项目里程碑和进度计划、总体预算、项目审批要求、委派的项目主管及其职责、项目主管以及参加项目的管理人员基本信息核职责权限等。图 5-3 所示为项目章程模板。

<table>
<tr><td colspan="3">项目目标
项目范围和可交付成果
项目需求
限制条件
制定的项目主管及其权限
参与的职能部门
主要风险
项目里程碑
……</td></tr>
<tr><td colspan="3">各方职责
项目发起单位：
项目主管：
项目团队：
主要项目干系人：
……</td></tr>
<tr><td colspan="3">资源条件
人员：
物质：
成本：
结束时间：</td></tr>
<tr><td colspan="3">项目完成标准：</td></tr>
<tr><td>验收
项目主管：
项目管理委员会主任：
项目发起单位负责人：
项目干系人：
项目干系人：
项目干系人：</td><td>
签字：
签字：
签字：
签字：
签字：
签字：</td><td>
日期：
日期：
日期：
日期：
日期：
日期：</td></tr>
</table>

图 5-3　项目章程模板示意图

二、制定项目管理计划

制定项目管理计划是指对定义、编制、整合和协调所有子计划所必需的行动进行记录的过程。项目管理计划是一个全面集成、综合协调项目各方面要求、各项工作安排的综合性计划，是指导整个项目实施和管理的基本依据。它是人力资源管理信息系统项目管理过程中最为重要的一项计划，也被称为项目主计划，确定了项目的执行、监控及收尾程序和要求，对于指导项目团队实施项目、开展有效沟通、规范项目团队成员工作具有重要作用。

（一）制定项目管理计划的输入

制定人力资源管理信息系统项目管理计划，通常依据项目章程、项目范围说明书、各单项计划过程的输出文件、项目的制约因素、组织积累的相关资源等。

项目章程：项目章程记录了项目来源、项目目标、项目范围、项目成果形式、项目主管和团队成员、项目干系人识别等，是制定项目管理计划的首要依据。

项目范围说明书：项目范围说明书详细描述了项目的可交付成果，以及为提交这些可交付成果而必须开展的工作，是制定项目管理计划的重要依据。

各单项计划过程的输出文件：各单项计划过程的输出文件是项目管理计划的重要组成部分，项目管理计划随着各单项计划过程的输出文件的更新而调整。

项目的制约因素：制约因素与人力资源管理信息系统的建设规模、实现功能以及项目发起单位的基础条件息息相关，主要包括国家和地方政府颁发的相关法规、人力资源管理相关行业标准、项目发起单位人力资源管理实际业务流程，以及现有网络信息基础设施条件、所属人员的计算机操作水平等。

组织积累的相关资源：一方面源于项目发起单位组织管理自身形成的资源，另一方面源于人力资源管理行业形成的资源，两者共同形成了组织积累相关资源的主要方面。具体包括人力资源管理指导方针、工作说明、业务流程、考评指标，项目发起单位相关政策、制度、计划、程序，以及历史项目档案、历史信息和经验教训知识库等。

（二）项目管理计划的基本内容

项目管理计划，根据项目性质、目标、规模的不同，内容也不尽相同。从一般性而言，人力资源管理信息系统项目管理计划内容主要包括项目整体介绍、项目组织描述、项目所需的管理程序和技术程序，以及所需完成的任务、时间进度和预算等。图 5-4 所示为信息系统项目管理计划内容要素。

项目整体介绍	项目组织	管理过程	技术过程	工作包、进度和预算
项目名称 项目描述 项目发起单位和负责人信息 项目主管与主要项目成员信息 项目可交付成果 重要资料清单	组织结构图 项目组织责任 其他与组织相关的信息	管理目标和优先级 设定条件、依赖关系和约束条件 风险管理 监督与控制机制 人员计划	方法、工具和技巧 软件文件 项目各项辅助职能	工作包 依赖关系 资源要求 预算与资源分配 进度计划

图 5-4 信息系统项目管理计划内容要素示意图

项目整体介绍，主要包括以下内容：

（1）项目名称。每个项目都需要一个专用的、能够反映项目主体功能的名称，作为项目管理的基本识别要素。

（2）项目描述。主要包括项目背景、项目目标、项目内容，以及项目估算等。

（3）项目发起单位和负责人信息。介绍项目发起单位概况，记述项目发起单位负责人姓名、职务和联系方法等。

（4）项目主管与主要项目成员信息。介绍项目主管、项目主要成员的姓名、职务和联系方式，以及简要、概况的职责分工等。

（5）项目可交付成果。列举和表述项目最终产品。人力资源管理信息系统的最终产品，通常包括软件包、应用包、网络信息设施、计算机硬件，以及相关技术报告、培训材料等。

（6）重要资料清单。主要包括范围管理计划、进度管理计划、成本管理计划、质量管理计划、人员管理计划、沟通管理计划、风险管理计划、采购管理计划等分支计划，以及制定项目所需的其他重要文件等。

项目组织描述，主要包括以下内容：

（1）组织结构图。主要包括项目发起单位组织结构图、项目管理组织结构图，用可视化的方式说明项目管理涉及的部门、人员，以及相关部门和人员的组织协调关系等。

（2）项目组织责任。说明项目的主要职能和任务，明确负责部门、负责人。

（3）其他与组织相关的信息。根据项目的性质，有时还需要记录项目完成后运维、管理、技术支持等方面的组织关系，明确相关组织构成和职责。

项目所需的管理过程和技术过程，主要包括以下内容：

(1) 管理目标和优先级。细化项目管理各个阶段的目标，梳理和明确各目标的优先级。

(2) 项目控制。明确项目监控方式、规范项目实施中评估的组织权限、程序和重点、规范项目变更的情形、审核权限并处理变更。

(3) 风险管理。主要包括风险识别和应对措施。

(4) 项目人员。描述项目所需人员的类别、数量、分工等。

(5) 技术过程。规范数据采集格式、明确信息归档方法等。

项目所需完成的任务，主要包括以下内容：

(1) 工作包。通过运用 WBS 将项目分解成若干个工作包，并描述这些工作包的相互关系。

(2) 主要可交付成果。列举项目产出的主要产品，明确这些可交付成果的质量要求。

项目时间进度，主要包括以下内容：

(1) 进度概算。根据项目规模和复杂程度，计算关键的可交付成果完成时间，通常用一个或者多个甘特图进行表示。

(2) 详细进度。对项目阶段划分、里程碑进行详细计划，明确相应完成时间。

项目预算，主要包括以下内容：

(1) 预算概算。对整个项目资金投入进行整体估算，或者对项目实施各个阶段的资金投入进行概要估算。

(2) 详细预算。总结成本管理计划的有关内容，给出项目实施各阶段、各环节、各支出的详细预算。

(三) 制定项目管理计划的输出

制订项目管理计划的输出成果，主要是项目管理计划文件，它通常由多个单项项目管理计划文件组成。项目管理计划，是项目团队根据项目的各种制约因素、假设条件、项目干系人要求以及各单项计划，编制而成的计划文件。它是整个项目实施和管理的总计划，是用于指导实施和管理控制项目的总安排。

项目管理计划整合了各类单项管理计划和项目文件的所有内容。其中，单向管理计划主要包括范围管理计划、进度管理计划、成本管理计划、质量管理计划、人力资源管理计划、沟通管理计划、风险管理计划、采购管理计划、项目验收计划等。

范围管理计划：需要确定、记载、核实、管理和控制项目范围，主要作用是为后续收集需求、定义范围、创建 WBS、确认范围、控制范围等工作提供指导。

进度管理计划：需要确定制定项目进度表格式与控制项目进度准则，主要作用是为后续定义活动、排列活动顺序、估算活动资源、估算活动持续时间、制定进度计划、控制进度等工作提供指导。

成本管理计划：需要选定成本管理模板，制定成本计划、进行估算、预算，主要作用是为后续估算投入、制定预算、控制成本等工作提供指导。

质量管理计划：需要说明项目管理团队如何组织质量控制和管理，主要作用是为后续实施质量保证和质量控制等工作提供指导。

人力资源管理计划：需要描述项目人力资源的获取、使用、遣散安置等，主要作用是为后续组建项目团队、建设项目团队、管理项目团队以及退出项目团队等工作提供指导。

沟通管理计划：需要确定项目干系人的信息与沟通需求，主要内容包括什么人什么时候通过何种方式获得何种项目信息，主要作用是为后续识别干系人、规划沟通、发布信息、管理干系人期望、报告绩效等工作提供指导。

风险管理计划：需要描述如何识别风险、如何防范风险、如何安排具体的对策措施，主要作用是为后续识别风险、实施定性风险分析、实施定量风险分析、规划风险应对和监控风险等工作提供指导。

采购管理计划：需要描述如何管理从制定采购文件到合同收尾的采购过程，主要内容为采购何物以及何时、如何采购，主要作用是为后续实施采购、管理采购和结束采购等工作提供指导。

项目验收计划：需要确定验收的时间、验收的地点、验收的组织、验收的形式等内容，主要作用是为项目验收的组织实施提供指导。

三、指导与管理项目执行

指导与管理项目执行是指将项目管理计划中所确定的各项工作付诸实施、以促进达成项目目标的过程。这一过程，需要项目团队进行多种活动，主要包括实现项目目的、创造项目可交付成果、配备、培训和管理项目团队成员、管理和使用资源、建立并管理项目团队内外的项目沟通渠道、提出变更请求、管理风险并实施风险应对活动等。

（一）指导与管理项目执行的输入

指导与管理项目执行通常依据项目管理计划、批准的变更请求、项目制约因素、组织积累的相关资源等。其中，项目管理计划主要包括所有单项管理计划和各类项目文件；批准的变更请求，是指被记录下来并获得批准的、扩大或者缩小项目范围的请求，主要包括批准的项目功能和服务等；项目的制约因素，主要包括并不限于项目发起单位的组织文化、网络信息基础设施、人力资源管理制度等；组织积累的相关资源主要包括并不限于沟通需求、政策制度、管理经验、风险识别能力等。

（二）指导与管理项目执行的方法

指导与管理项目执行主要通过计划指导和临机指导相结合的办法，利用项目执行报告、项目管理报告工具进行。项目执行报告模板如图 5-5 所示。

活动名称		活动编号	
报告日期		报告名称	
实际进度与计划进度比较			
已用时间与计划时间比较			
可交付成果是否满足项目需求			
资源配置技术执行情况			
人员配置技术执行情况			
潜在风险分析			
项目负责人审核意见			
签名：		日期：	

图 5-5 项目执行报告模板示意图

（三）指导与管理项目执行的输出

指导与管理项目执行的输出主要包括可交付成果、工作绩效数据、变更请求、更新的项目管理计划、更新的项目文档等。

可交付成果主要包括项目计划中明确的信息系统、网络信息基础设施、计算机硬件等产品及其相关服务。

工作绩效数据主要包括在项目实施过程中，项目团队成员收集的业务流程、组织机构基本信息等各类工作数据。

变更请求主要包括项目成本或者预算变化、项目进度修订、消除消极影响所采取的预防措施、发现问题的具体对策等。

更新的项目管理计划主要包括需要更新的项目管理计划，包括沟通管理计划、人力资源计划、进度管理计划、成本管理计划、需求管理计划和项目基准等。

更新的项目文档主要包括需要更新的项目管理文件、项目日志和干系人登记表等。

四、监控项目工作

监控项目工作是指跟踪、审查和调整项目进展，以实现项目管理计划中确定的绩效目标的过程。这个过程，贯穿于整个项目周期，覆盖各个阶段。持续的监控，有利于项目顺利进行，及时发现问题，有针对性地解决问题。其工作过程涉及的主要工作包括：把项目的实际绩效与项目管理计划进行比较；评估项目绩效，决定是否需要采取纠正措施；识别新风险，分析、跟踪和监测已有风险，确保全面识别风险、报告风险状态，并执行适当的风险应对计划；建立一个与项目产品及其相关文件有关的信息库，并持续到项目完成；为项目状态报告、进展测定和预测提供信息支持；为更新当前的成本和进度信息提供预测；监督已批准项目变更的执行情况等。

（一）监控项目工作的输入

监控项目工作的目的是掌握项目进展情况，从而在项目表现明显偏离计划时能够采取适当的纠正措施。开展这项工作，主要依据项目管理计划、工作绩效数据、项目绩效报告、预测数据、项目制约因素和组织积累的相关资源。其中，工作绩效数据主要用于比较计划绩效和实际绩效；项目绩效报告，由项目团队编制，是对项目活动、项目完成情况、里程碑事件及发现的问题的详细说明，内容主要包括目前状态、本阶段取得的主要成绩、工作安排及存在的问题等；预测数据，是项目团队对于项目未来状况和事件的估计和预测，通常基于所能获得的信息和知识进行测算。

（二）监控项目工作的方法

监控项目工作，涉及部门多、任务重、环节复杂，通常综合采取预先控制、过程控制和事后控制，以及直接控制和间接控制相结合的方法实施。

1. 预先控制、过程控制和事后控制

预先控制是在项目活动或者阶段开始时进行，可以防止使用不符合要求的资源，保证项目的投入满足规定的要求。

过程控制对进行过程中的项目活动进行检查和指导，过程控制一般在现场进行。过程控制一定要注意项目活动和控制对象的特点。

事后控制在项目活动或者阶段结束后进行。这种方法，适合于项目实施方长期服务于项目发起单位的项目，有利于项目实施方在后期服务中进行改进。

2. 直接控制和间接控制

直接控制着眼于产生偏差的根源，而间接控制着眼于偏差本身。项目活动的一次性常常迫使项目管理团队采取间接控制。项目主管直接对项目活动进行控制属于直接控制，反之，不直接对项目活动，而对项目团队成员进行控制，具体的项目活动由团队成员去控制，属于间接控制。

（三）监控项目工作的输出

监控项目工作的输出，主要包括变更请求、更新的项目管理计划、更新的项目文档等。

变更请求：通过对比计划结果和实际结果，项目团队提出变更请求，主要包括保证项目将来的绩效与项目管理计划相一致的纠正措施，降低项目风险消极影响的预防措施，使有缺陷的可交付成果符合要求的补救措施等。

更新的项目管理计划：主要包括可能更新的进度管理计划、质量管理计划、成本管理计划、进度基准、成本基准、范围基准和质量基准等。

更新的项目文档：主要包括可能更新的预测报告、绩效报告和问题登记簿等。

五、实施整体变更控制

实施整体变更控制是指审查所有变更请求，批准变更，管理对可交付成果、组织过程资产、项目文件和项目管理计划等变更的过程。该过程贯穿项目始终。项目管理团队需要通过谨慎、持续地管理变更，来维护项目管理计划、项目范围说明书和其他可交付成果。应当通过否决或者批准变更，来确保只有经批准的变更才能作为组织实施项目的合法依据。

（一）实施整体变更控制的原因

项目变更有多方面原因，既有主观因素也有客观因素，主要原因如下：

（1）产品范围定义的过失或者疏忽，如对项目发起单位项目需求的遗漏或者缺失。

（2）项目范围定义的过失或者疏忽，如对 WBS 分解不够精细，项目范围未得到相关干系人的核实确认等。

（3）项目执行过程与项目基准要求不一致带来的被动调整，如执行失误所导致的返工等。

（4）不可抗力的复杂因素，如在项目执行过程中，发生了不可预料的事件，出现了不可抗力的情况等。

（5）其他强政策性外部事件，如国家政策或者行业政策发生变化等。

（二）实施整体变更控制的活动

实施整体变更控制过程，主要包括以下管理活动：

（1）对规避整体变更控制的因素施加影响，确保只有经批准的变更才能付诸执行。

（2）迅速审查、分析和批准变更请求，避免因延误决策时机给项目执行带来的不利影响。

（3）管理已批准的变更，仅允许经批准的变更纳入项目管理计划和项目文件中，以此维护基准的严肃性。

（4）审查已推荐的全部纠正措施和预防措施，并加以批准或者否决。

（5）协调整个项目中的各种变更。

（三）实施整体变更控制的流程

变更控制通常按照提出变更申请、对变更初审、变更方案论证、项目变更控制委员会（CCB）审查、发出变更通知、变更实施的监控、变更效果的评估、判断发生变更后的项目是否已纳入正常轨道的程序步骤进行。

提出变更申请：由变更提出方，通常采取书面的形式提出变更申请。变更申请应当目的鲜明、内容准确、要素完整，符合项目管理的格式要求。项目变更申请模板如图 5-6 所示。

项目名称		项目编号	
变更申请人		变更申请编号	
变更申请时间		变更类型	功能需求 I 数据信息 表现形式 I 其他情况
变更理由			
变更内容			
对项目的影响			
指定处理人和完成时间			
项目负责人审核意见			
业务部门意见	签名：	日期：	
项目主管意见	签名：	日期：	

图 5-6　项目变更申请模板示意图

对变更初审：由项目组成员和相关干系人，对各类变更进行初步审核，目的是为了对变更提出方施加影响，确认变更的必要性，确保变更真正具有价值。

论证变更方案：通常由项目主管组织有关专家对变更方案进行论证，重点论证可行性，将变更请求由技术要求转化为资源需求，以供 CCB 决策。

CCB 审查：通常由项目主管根据变更初审结果及变更方案论证结果，采取文档会签形式或者是专题会议形式，决定是否批准变更。

发出变更通知：CCB 审查通过后，需要发出变更通知，主要内容应当聚焦项目基准的具体调整范围和内容。项目基准的调整，包括项目目标的确认，最终成果、工作内容和资源、进度计划的调整。

变更实施的监控：通常由项目主管负责项目基准的监控活动，项目管理委员会监控变更明确的主要成果、进度里程碑等。也可以在项目管理委员会授权下，委托监理单位承担监控职责。

变更效果的评估：这是对实施变更的后评估，需要结合之前的初审结果、变更方案论证结果，对比分析是否达到了变更的预期效果。

判断发生变更后的项目是否已纳入正常轨道：项目基准调整后，需要确认的是相应的资源配置和人员是否及时到位，新的项目基准是否生效。

（四）实施整体变更控制的输出

实施整体变更控制的输出主要包括更新的变更请求状态、更新的项目管理计划、更新的项目文档等。

更新的变更请求状态：项目主管或者一个指定的团队成员根据变更控制系统对变更请求进行处理。

更新的项目管理计划：可能更新的单项管理计划、受正式变更控制过程影响的基准等。

更新的项目文档：由于实施整体变更控制过程而可能更新的项目文件，主要指受正式变更控制过程所影响的各类文件。

六、结束项目或者阶段

结束项目或者阶段是指完结所有项目管理过程组的所有活动，以正式结束项目或者阶段的过程。

（一）结束项目或者阶段基本内容

结束项目或者结束阶段标志着正式结束项目或者阶段，通常也称为项目收尾。这一期间的工作，主要包括：

（1）确认项目或者阶段符合项目发起单位、用户或者其他干系人的要求，对交付和接受项目可交付成果过程中的活动进行核实。

（2）为实现项目或者阶段的完成或者结束而进行的活动。

（3）项目产品或者服务验收合格后，将项目产品或者服务移交至下一阶段。

（4）组织收集项目或者阶段的相关信息，核查项目的交付结果，总结经验教训等。

（二）项目验收基本程序和后评价

项目验收是指项目结束时，项目团队将其成果交付给使用者之前，项目接收方会同项目团队、监理等有关方面对项目的工作成果进行审查，重点查核项目管理计划规定范围内的各项活动是否已经完成。若检查合格，由项目接收方及时接收项目成果。同时，总结经验教训，为后续项目积累资源。项目验收，通常由项目验收小组或者验收委员会组织，该小组一般由项目接收方、项目团队和项目监理人员构成。验收内容，原则上一切完整的子项或者单元都应列入项目验收的范围。验收程序，通常按照准备验收材料、项目团队自检、提交验收申请书和验收资料、验收组检查验收资料、初审、验收实施、签署验收合格文件、资产移交的步骤实施。项目验收程序示意图如图 5-7 所示。

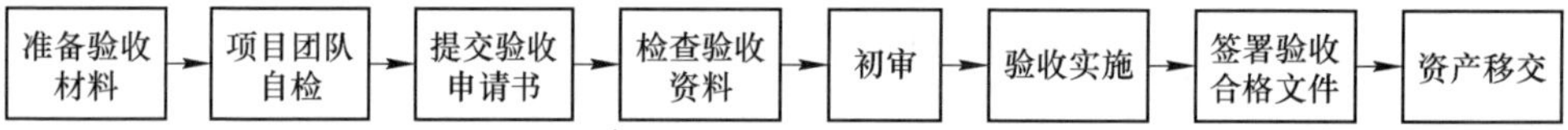

图 5-7　项目验收程序示意图

项目后评价是指对已经完成的项目或者阶段的目的、执行过程、效益、作用和影响所进行的系统、客观的分析和估量。通过项目活动总结，确定项目预期的目标是否达到，项目或者阶段是否合理，项目的主要效益指标是否实现，查找项目存在问题，找出成败原因，并通过及时有效的信息反馈，为提高未来新项目的决策水平和管理水平提供基础。同时，评价结果也作为改进项目、更新项目的重要依据。

项目后评价的内容主要包括项目效益后评价和项目管理后评价。其中，项目效益后评价主要是指项目竣工后对项目投资经济效果和使用效果的再评价。它以项目建成运行后的实际数据为基础，重新计算项目的各项经济数据，得到相关的投资效果指标，然后将它们同项目前评价时预测的有关经济效果进行纵向对比，评价和分析其偏差情况及其原因，吸收经验教训，从而为提高项目的实际投资效果服务，为以后相关项目的决策提供借鉴。项目管理后评价是指当项目竣工以后，对之前项目管理工作所进行的评价，目的是通过对项目实施过程的实际情况的分析研究，全面总结项目管理经验，为今后改进项目管理服务。

(三) 结束项目或者阶段主要输出

结束项目或者阶段主要输出，主要是信息系统最终产品和相关服务，具体包括：

(1) 准备需要移交的项目产品和文件资料。

(2) 由项目团队负责进行项目产品的试运营。

(3) 办理好项目产品的移交手续。

(4) 处理好项目运营后的技术服务和人员培训工作。

第六章　人力资源管理信息系统项目范围管理

范围管理是指为了实现人力资源管理信息系统项目目标所必须完成的全部且最少的工作。它决定了哪些事情是项目需要做的，哪些事情是项目不需要做的，是项目主管有效集中人力、物力和财力等资源，提高人力资源管理信息系统项目管理效能的重要工作内容。人力资源管理信息系统项目范围管理，主要包括规划范围管理、收集需求、定义范围、创建工作分解结构、确认范围和控制范围。

一、规划范围管理

规划范围管理是范围管理工作的行动安排，是计划工具在范围管理的应用，牵引和规制项目组将如何进行项目的范围管理，主要包括如何进行项目范围定义、如何编制工作分解结构、如何进行项目范围核实和控制等。

规划范围管理的核心内容是制定项目范围管理计划。项目范围管理计划是项目管理计划中的重要组成部分，内容主要包括详细范围说明书、核实和验收项目所完成的可交付成果、范围变更的批准权限和程序等。

项目范围管理计划编制的输入主要包括项目章程、合同、组织过程资产、事业环境因素等，以及组织基础结构、工具、人力资源、人事政策、市场条件等。编制范围管理计划，需要对项目的产品深入了解，通常采用产品分解、系统工程、价值工程、价值分析和功能分析等方法进行制定。

二、收集需求

需求是指项目发起单位、用户和其他干系人的已定性、已量化且记录下来的要求和期望，通常包括性能需求、安全需求、功能需求等。收集需求是为实现项目目标而定义并记录干系人需求的过程，它是项目启动的首要工作，处于项目生命周期的起始位置。

（一）收集需求的输入

收集需求的输入主要包括项目章程、项目干系人登记表。其中，项目章程，是项目整体管理过程输出的文档；项目干系人登记表，是用于标识项目干系人信息。这些都是收集需求过程中的重要依据和参考。

(二) 收集需求的方法

人力资源管理信息系统项目收集需求工作，通常由人力资源管理部门负责。由人力资源管理部门负责收集需求，看似组织便利，实则依然复杂。这是因为人力资源管理部门人员更加专注于人力资源管理业务，对技术层面、市场层面与其他信息系统项目交互层面难以提出精准需求。这就需要，收集需求要区分对象，根据不同干系人业务范围、知识体系、性格特点，综合采取访谈、焦点小组会议、头脑风暴法、专家判断法、问卷调查等方法，以提高收集需求实效。

访谈：访谈是收集需求最为常用的方法之一。这种方法是一种通过与干系人直接交谈，来获得信息的方法。访谈有正式访谈、非正式访谈两种，正式访谈更多的是向被访者提出预设问题，以即兴问题为辅助。非正式访谈，更多的是以预设问题为主线的漫谈，启发和引导被访者谈及相关情况。访谈中，通常采取一对一的形式，但也可以有多个被访者或者多个访问者共同参与。访谈有经验的项目参与者、干系人和主题专家，有助于更加精准识别和定义项目可交付成果的特征和功能。

焦点小组会议：这是一种集约资源的方法。将预先选定的干系人和主题专家集中在一起，了解他们对所提议产品、服务或者成果的期望和态度。通常由一位受过训练的主持人引导大家进行互动式讨论，会进一步聚焦主题。

头脑风暴法：通过邀请主要的跨职能干系人一起参加会议，用来产生和收集更多发散、创意的项目需求。这一方法，不需要达成一致意见，需要与会人员围绕议题畅所欲言，最后梳理项目需求。

专家判断法：由一组选定的专家回答问卷，并对每一轮需求收集的输出再给出反馈。专家的答复只能交给主持人，以保持匿名状态。这一方法，需要在跨职能领域选一定数量的专家，专家的数量和专业程度决定成效。

问卷调查法：问卷调查是指通过设计书面问题，向为数众多的受访者快速收集信息。与访谈相比，问卷调查可以在短时间内，以低成本的代价从大量的回答中收集数据，同时可以采取匿名的方式获得更为隐性的需求。通常采取问卷调查法，以项目干系人为主，领域专家和其他人员为辅。

(三) 收集需求的输出

收集需求的输出主要表现在项目干系人需求文件、需求管理计划和需求跟踪矩阵。

项目干系人需求文件是描述不同项目干系人其个体需求与项目产品特性相匹配情况的文档。干系人需求文件主要包括以下内容：

（1）干系人需要解决的问题或者可以利用的机会。

（2）采用需求列表或者模型方式表示的功能化的干系人需求。

（3）干系人的一些非功能化需求，例如，服务的水平、成果、保障措施等。

（4）干系人的质量需求。

（5）干系人需求对项目组织原则及商业规则所产生的影响。

（6）干系人需求对组织内部其他领域的一些影响。

（7）干系人需求对项目组织外部其他领域所产生的影响。

（8）干系人的培训需求等。

需求管理计划是描述整个项目如何分析、记载和管理客户需求的文档。需求管理计划主要包括以下内容：

（1）如何计划、跟踪和报告客户需求收集的各项活动。

（2）如何进行客户需求收集的配置管理活动。

（3）如何确定客户需求收集的优先次序和级别。

（4）如何在需求跟踪矩阵中捕获干系人的需求属性。

需求跟踪矩阵。需求跟踪可以改善产品的质量，降低维护成本，而且能提高需求定义、项目产品构件的可重用性。通常以表格形式跟踪在整个项目生命期内的客户需求变化，通常纵向列出所有需求，横向表示产品开发的各个阶段。需求跟踪矩阵并没有统一格式的规定，每个项目团队注重的方面不同，所创建的需求跟踪矩阵也可能不同，只要能够保证需求链的一致性和达到状态的跟踪目的即可。

三、定义范围

定义范围是制定项目和产品详细描述的过程。详细项目范围说明书的编制，对项目成功至关重要。凡草率定义项目范围者，必然导致项目成本增加。因为不可避免地导致无谓的变更，打乱项目计划、造成返工、工期拖延、降低劳动生产率、挫伤项目团队成员的积极性。

（一）定义范围的方法

定义范围通常采取产品分析、价值分析的方法。

产品分析是项目范围定义常用方法，目的是使项目团队对项目产品有更好的理解。产品分析可以加深对项目成果的理解，从项目产品的功能和特性着手分析，反向推导项目的工作范围，目的是使项目团队开发出一个更为明确、更为具体、更加具有指向性的项目产品。对项目成果进行分析时，通常运用系统的观点来分析和研究项目，从人力资源管理信息系统的设计、管理与控制等方面，获取项目最优设计、最优控制与最优管理，以充实完善项目范围。

价值分析是通过有组织地进行产品功能分析，以求用最低的成本，切实可靠地实现产品或者服务的必要功能。产品的必要功能是为了满足项目发起单位需求所必须具备的作用或者功能。如果项目产品的功能过低，则无法满足客户的需求；但如果项目产品的功能过高，就使得客户在项目产品使用过程中会有一些多余的功能根本用不上，即客户为这些多余的功能付出了不必要的代价。这种方法，更加注重从产品功能的角度去完善项目范围。

（二）定义范围的输出

定义范围过程的主要输出成果主要包括项目范围说明书和更新的项目文档。

1. 项目范围说明书

项目范围说明书，定义了项目组织应该执行和不应执行的工作，详细说明了项目的可交付成果。它在项目干系人之间建立了一个对项目范围的共识，并将其作为未来变更控制和项目决策的基准。为了便于管理干系人的期望，项目范围说明书可明确指出哪些工作不属于本项目范围。项目范围说明书的主要内容包括：

（1）项目目标。它包括可测量的项目成功标准。项目可能有各种各样的运营方式，项目目标包括成本、时间、技术和质量等目标。

（2）产品范围描述。逐步细化在项目章程和需求文件中所述的产品、服务或者成果的特征。

（3）产品验收标准。定义已完成的产品、服务或者成果的验收过程和标准。

（4）项目可交付成果。可交付成果既包括组成项目产品或者服务的各种结果，也包括各种辅助成果，如项目管理报告和文件。对可交付成果的描述可详可简。

（5）项目的除外责任。通常需要识别出什么是被排除在项目之外的。明确说明哪些内容不属于项目范围，有助于管理干系人的期望。

（6）项目制约因素。列出并说明与项目范围有关、且限制项目团队选择的具体项目制约因素。例如，客户或者执行组织事先确定的预算、强制性日期或者强制性进度里程碑。如果项目是根据合同实施的，那么合同条款通常也是制约因素。有关制约因素的信息可以列入项目范围说明书，也可以独立成册。

（7）项目假设条件。列出并说明与项目范围有关的具体项目假设条件，以及万一不成立而可能造成的后果。在项目规划过程中，项目团队应当经常识别、记录并验证假设条件。有关假设条件的信息可以列入项目范围说明书，也可以独立成册。

项目范围说明书模板如图 6-1 所示。

项目名称：

项目委托人	
投资方	
项目目标	
制约因素	
预算	
要求使用的资源	
应交付的成果	
项目阶段里程碑	
项目主要风险	

图 6-1　项目范围说明书模板

2. 更新的项目文档

需要根据定义范围的最新结果，以及干系人需求文件、需求管理计划、需求跟踪矩阵等文档进行更新。

四、创建工作分解结构

工作分解结构（Work Breakdown Structure）是项目范围管理中最重要的工具，是项目团队制订项目进度计划、项目成本计划等多项计划的基础。

（一）创建工作分解结构的作用

WBS 是定义范围的一种表示方法，详细描述了项目所要完成的工作。WBS 以整个项目的可交付成果进行项目元素的层次分解，分解的最低层元素是工作包，这些最低层分解项是能够在进度、资源、成本、质量等方面被较准确评估和跟踪。工作分解结构的主要作用如下：

（1）把项目分解成具体的活动，定义项目的具体工作范围，让主要项目干系人清楚地了解整个项目的概况。

（2）通过项目具体活动的界定，有助于项目团队更加清晰的制定项目进度计划。

（3）为制定完成项目所需要的资源估算提供基准。

（4）可以作为沟通管理的基础，使项目团队成员清楚自己所承担的责任和享受的权利。

（5）为项目变更控制提供依据。

（6）确保项目目标实现。

（二）创建工作分解结构的方法

WBS 是项目计划的基础，通常按照以下步骤进行分解：

（1）识别和确认项目的主要可交付成果。工作分解以项目需求规格说明书（或者产品描述）为直接依据，项目工作范围的直接结果就是提交项目产品，因此，工作分解应当首先整理项目的主要可交付成果，这些主要可交付成果可作为产品分解、项目范围分解的第一层次，或者称为项目里程碑阶段应提交的成果。

（2）分解并确认每一组成部分或者工作包是否分解得足够详细。分解的输入可以是项目产品成分，也可以是已经定义的工作包。逐个对各组成成分进行分解，要求分解详细到能较准确地对每项工作任务进行资源估算、成本预算和质量管理。其实这个要求还是概念化的，不同的人将产生不同的理解。在实际工作中，组织过程资产能进一步规范化分解过程，贯彻 WBS 分解指南、WBS 分解模板、高级项目主管的指导意见等，往往更能确保 WBS 分解的详细程度达到规定的要求。若分解已经足够详细，则进入第 4 步，核实分解的正确性。

（3）将可交付成果或者工作包分解为更小的组成部分。分解时可采用头脑风暴法、专家判断法、历史经验类比法等，考察工作成果可以由哪些更小粒度的成分构成，或者考察工作包由哪些更详细的工作任务构成。在分解原则的指导下，应考虑分解后成分的独立性，并从时间维度、资源维度、成本维度等分别展开分解过程。对组成部分的描述应便于项目绩效度量，可从有形的、可检查的输出角度来进行描述。例如，在希赛 EAM 项目中，可以描述为若干软件功能模块、硬件、网络、培训和维护等。

（4）核实分解的正确性，并对产品分解项进行工作定义。可考虑这些方面：

每个分解项应当清晰而完整；低层次分解项对其上层分解项应当是必要而且充分的；每个分解项应当能明确资源估算，落实进度，分配到组织中具体的人力资源。如果核实结果不正确，则应当返回第3步骤，继续进行分解。对工作包进行分解所得到的输出是细分工作包；而对项目产品成分进行分解所得到的输出仍然是产品细分成分，因此，应对产品细分成分进行工作定义，这样，所输出的输出才是项目范围。

（三）创建工作分解结构的输出

创建工作分解结构输出的文件，主要包括工作分解结构文档、工作分解结构字典、范围基准等。

1. 工作分解结构文档

工作分解结构文档是在创建工作分解结构的过程中生成的关键文件。为了方便项目实施过程中的信息交流，一般情况下还需要运用特定的规则对分解结构图中的各个节点进行编码，主要内容包括：

（1）组织分解结构。按照层次将工作细目与组织单位形象地、有条理地联系起来的一种项目组织安排图形。

（2）材料清单。将制造产品所需的实体部件、组件和组成部分按照组成关系以表格形式表现出来的正式文件。

（3）风险分解结构按照风险类别形象而又有条理地说明已经识别的项目风险的层次结构的一种图形。

（4）资源分解结构。按照种类和形式而对将用于项目的资源进行划分的层级结构。

2. 工作分解结构字典

对工作分解结构中的每项工作下定义，具体描述该工作任务所含的全部工作内容的文件，叫作工作分解结构字典。工作分解结构字典中包含的主要内容有工作任务编码、工作任务名称、工作活动描述、工作任务的负责人以及该工作任务的进度计划、成本预算和质量标准等。工作分解结构字典模板如图6-2所示。

3. 范围基准

批准的详细项目范围说明书与对应的工作分解结构以及工作分解结构字典都是项目范围基准的组成部分。

<table>
<tr><th>任务编码</th><th>任务名称</th><th>活动描述</th><th>负责人</th><th>进度计划</th><th>成本预算</th><th>质量标准</th></tr>
<tr><td>1000</td><td></td><td></td><td></td><td></td><td></td><td></td></tr>
<tr><td>1100</td><td></td><td></td><td></td><td></td><td></td><td></td></tr>
<tr><td>1200</td><td></td><td></td><td></td><td></td><td></td><td></td></tr>
<tr><td>1300</td><td></td><td></td><td></td><td></td><td></td><td></td></tr>
<tr><td>1×00</td><td></td><td></td><td></td><td></td><td></td><td></td></tr>
<tr><td>1×10</td><td></td><td></td><td></td><td></td><td></td><td></td></tr>
<tr><td>1×11</td><td></td><td></td><td></td><td></td><td></td><td></td></tr>
<tr><td>1×12</td><td></td><td></td><td></td><td></td><td></td><td></td></tr>
<tr><td colspan="7">项目负责人审核意见：

签名： 日期：</td></tr>
</table>

图 6-2 工作分解结构字典模板

五、确认范围

确认范围是正式验收项目已完成的可交付成果的过程。确认范围包括与客户或者发起单位一起审查可交付成果，确保可交付成果已圆满完成，并获得客户或者发起单位的正式验收。项目确认范围的目的是通过审核项目范围所界定的工作内容，确保所有的、必需的工作都包括在项目工作分解结构之中。

（一）确认范围的方法

确认范围与质量控制的不同之处在于，确认范围主要关注对可交付成果的验收，而质量控制则主要关注可交付成果是否正确以及是否满足质量要求。确认范围包含项目计划编制阶段的范围核实、项目执行阶段的范围核实、范围变更管理过程的范围核实，通常采取项目范围核检表、项目工作分解结构核检表等方法。

1. 项目范围核检表

（1）项目目标是否完整和准确；
（2）项目目标的衡量标准是否科学、合理和有效；
（3）项目的约束条件、限制条件是否真实并符合实际；
（4）项目的假设前提是否合理，不确定性的程度是否较小；
（5）项目的风险是否可以接受；
（6）项目成功的把握性是否很大；
（7）项目的范围界定是否能够保证上述目标的实现；
（8）项目范围所能产生的收益是否大于成本；
（9）项目范围界定是否需要进一步开展辅助性研究。

2. 项目工作分解结构核检表

（1）项目目标描述得是否清楚明确；
（2）项目产出物的各项成果描述是否清楚明确；
（3）项目产出物的所有成果是否都是为实现项目目标服务的；
（4）项目的各项成果是否以工作分解结构为基础；
（5）项目工作分解结构中的工作包是否都是为形成项目的某项成果服务的；
（6）项目目标层次的描述是否清楚；
（7）项目工作分解结构的层次划分是否与项目目标层次的划分和描述相统一；
（8）项目工作、项目成果与项目目标之间的关系是否一致和统一；
（9）项目工作、项目成果、项目目标和项目总目标之间的逻辑是否正确合理；
（10）项目目标的衡量标准是否有可度量的数量、质量或者时间指标；
（11）项目工作分解结构中的工作是否有合理的数量、质量和时间度量指标；
（12）项目目标的指标值与项目工作绩效的度量标准是否匹配；
（13）项目工作分解结构的层次分解是否合理；
（14）项目工作分解结构中各个工作包的工作内容是否合理；
（15）项目工作分解结构中各个工作包之间的相互关系是否合理；
（16）项目工作分解结构中各项工作所需的资源是否明确合理；
（17）项目工作分解结构中的各项工作考核指标是否合理；
（18）项目工作分解结构的总体协调是否合理。

（二）确认范围的输出

项目范围的核实贯穿项目执行过程的始终，输出主要包括验收的可交付成果、项目范围变更请求。

1. 可交付成果

验收的可交付成果是指经客户或者项目发起单位签字确认已认可的可交付成果。在每个项目阶段收尾时，必须进行项目范围确认工作。项目范围确认文档包括收到来自客户或者项目发起单位的证明文件，以及记载干系人验收项目可交付成果的实际情况。

2. 项目范围变更请求

在项目范围确认过程中，项目干系人可能提出一些项目范围变更请求，并提请项目变更控制委员会进行审查与批准。产生于项目范围确认过程中的项目范围变更请求一般包括缺陷补救请求。在项目整体变更控制过程中对这些项目范围变更请求进行审核和处理。

六、控制范围

控制范围是监督项目和产品的范围状态、管理范围基准变更的过程。对项目范围进行控制，就必须确保所有请求的变更、推荐的纠正措施或者预防措施都经过实施整体变更控制过程的处理。

（一）引起范围变更的原因

在项目执行时，进度、成本、质量以及客户需求等各种因素的变化都会导致项目范围的改变，项目干系人也常常因为各种原因要求对项目范围进行修改，即项目范围变更。造成项目范围变更的原因主要包括项目外部环境发生变化，项目范围定义不周，有错误或者遗漏，项目实施过程的偏差，新的技术、手段和方案的应用，项目组织发生了变化，项目投资方对项目或者项目产品的要求发生变化等。

对变更应防患于未然，项目主管应能洞察造成变更的原因，对这些原因采取必要的措施，避免范围变更的发生。如果无法阻止变更发生，或者变更已经成为事实，项目主管只能接受变更，并对这些变更进行有效的管理。

（二）项目范围控制的方法

频繁的需求变更必然导致频繁的项目范围变更，必需要对其进行控制，通常采取偏差分析、范围计划调整等方法进行项目范围控制。

偏差分析：偏差分析法是一个非常重要的项目管理控制工作过程的工具，是探测数据现状、历史记录或者标准质量的显著变化和偏离。具体运用中包括横道图法、表格法、曲线法等。

范围计划调整：范围计划调整法是由项目团队对原有的项目范围管理文件进行必要的修改和更新，或者是重新分析或者制订新的项目范围计划的一种方法。项目范围通常都会发生变化，需要根据范围的变动来随时调整补充原有的工作分解结构图，并以此为基础，调整、确定新的项目范围计划，对项目范围的变更进行控制。

（三）项目范围控制的输出

项目范围控制主要输出的文件，主要包括工作绩效状况、项目范围变更请求和更新组织积累的相关资源等。

工作绩效状况：项目团队通过将每项具体工作的执行情况与其相应的计划基准进行对比分析，得出在项目进展过程中该项工作所取得的绩效状况，并依据这些文档信息来判定如何对那些差距较大的工作采取相应的管理措施。

项目范围变更请求：项目范围变更请求可以由客户提出，也可由项目团队提出。它的形式多种多样，可以是直接的或者间接的，外部的或者内部的，强制性的或者选择性的，然而变更请求必须按正式程序履行。

更新组织积累的相关资源：偏差产生的原因，选定纠正措施的理由，以及从项目范围控制中吸取的其他类型的教训，均在组织积累的相关资源历史数据库中记载并更新。

第七章　人力资源管理信息系统项目进度管理

进度管理是人力资源管理信息系统项目管理的重要内容，它和成本管理、质量管理并称为人力资源管理信息系统项目管理的“三大管理”。人力资源管理信息系统项目进度管理，是指在项目的进展过程中，为了确保项目能够在规定的时间内实现项目的目标和任务，对项目活动进度及日程安排所进行的管理过程。人力资源管理信息系统项目进度管理，主要包括规划进度管理、定义活动、排列活动顺序、估算活动资源、估算活动持续时间、制定进度计划以及控制进度等。

一、规划进度管理

定义活动、排列活动顺序、估算活动资源、估算活动持续时间、制定进度计划以及控制进度等工作，虽然在理论上可以划分明确，但在人力资源管理信息系统项目管理的实践中，它们通常是相互联系、相互影响和相互制约的。这就需要在开始实施进度管理之前，项目主管及其团队需要对进度管理进行规划，主要输出结果是项目进度管理计划。

项目进度管理计划，是项目管理计划的子计划，是对项目进度进行的估量和安排，目的是为项目进度管理提供指南。编制项目进度管理计划，通常采取专家评议、数据类比、集中研讨等方法，估算项目各阶段持续时间、排列活动顺序、安排活动资源、确定进度控制的临界值等。

二、定义活动

定义活动是指识别和确认为完成项目可交付成果所必须开展的特定的活动。它是项目进度管理的基础工作。

（一）定义活动的输入

定义活动，简言之就是进一步定义项目范围，是一个必要的工作过程。该过程的目标是，确保项目团队对项目范围所涉及的各项工作有一个整体性的认识。在实践中，定义活动的输入主要有范围基准、项目制约因素和组织过程资产。

范围基准：范围基准主要包括批准的项目范围说明书，以及与其对应的工作分解结构和工作分解结构字典等。

项目制约因素：任何一个项目都会受到各种因素制约，这些因素是项目定义活动时必须考虑的关键因素。影响项目活动定义的制约因素主要包括：项目管理信息系统与进度管理软件工具、项目发起单位的人事管理现状、行业要求、干系人风险承受力等。

组织过程资产：组织过程资产，是指项目发起单位在日常工作中积累的相关资源，主要包括发展规划、人力资源管理规划、人员招聘计划等。

（二）定义活动的方法

定义活动通常采取活动分解技术、模板法、滚动计划法等实施。

活动分解技术：活动分解技术是指按照一定的层次结构把项目工作逐步分解为更小的、更易操作的工作单元，有利于对这些工作单元进行更为有效的管理，从而更加精细和全面的识别和定义这一工作。

模板法：模板法是使用已经完成的类似项目的活动清单或者部分活动清单，作为一个新活动定义的模板。根据新项目的实际情况，在模板上调整项目活动，从而定义出新项目的所有活动。模板中的信息可能包括资源需求、风险识别、预期的可交付成果以及其他文字说明资料等。模板法示意图如图 7-1 所示。

序号	某项目活动清单	新项目活动类比
1	用户需求调研	保留☑
2	用户需求分析	保留☑
3	网络环境确认	保留☑
4	用户需求确认	保留☑
5	硬件准备	保留☑
6	软件准备	保留☑
7	系统分析	保留☑
8	成本汇总构成设计	保留☑
9	成本模型设计	保留□
10	数据采集设计	保留☑
11	数据库设计	保留☑
12	报表设计	保留□
13	文档制作	保留□
14	源代码编写	保留☑
15	功能模块测试	保留☑
16	试运行	保留☑
17	预验收	保留□
18	修改完善和验收	保留☑

图 7-1　模板法示意图

滚动计划法：滚动计划法是按照近细远粗原则，根据计划执行情况和内外环境变化，逐步向前推移，逐步细化完善的动态计划编制方法。计划周期阶段，随着计划的执行不断延伸，并不断补充完善，逐期向后滚动，使计划周期阶段总是保持一个恒定的长度。这一方法，使得定义活动愈加清晰，愈加完善。

（三）定义活动的输出

定义活动的输出主要包括活动清单、活动属性和里程碑清单。

1. 活动清单

活动清单是一份包含项目所需的全部进度活动的清单。活动清单中应当包括每个活动的标志和足够详细的工作描述，使项目团队成员知道应当完成哪些工作。活动清单示意图如图 7-2 所示。

序　号	某项目活动清单
1	用户需求调研
2	用户需求分析
3	网络环境确认
4	用户需求确认
5	硬件准备
6	软件准备
7	系统分析
8	成本汇总构成设计
9	成本模型设计
10	数据采集设计
11	数据库设计
12	报表设计
13	文档制作
14	源代码编写
15	功能模块测试
16	试运行
17	预验收
18	修改完善和验收

图 7-2　活动清单示意图

2. 活动属性

活动属性是指每项活动所具有的多种属性，用来扩展和补充对该活动的描述。活动属性随时间进行演化。在项目初始阶段，活动属性包括活动标志、WBS标志和活动名称；当活动完成时，活动属性则可能还包括活动编码、活动描述、紧前活动、紧后活动、逻辑关系、时间提前与滞后量、资源需求、制约因素和假设条件。

活动属性可用于识别和确认工作执行负责人、实施工作的地区或者地点，以及活动类型。活动属性通常用于编制进度计划，还可用于对进度活动进行选择、排序和分类。

3. 里程碑清单

里程碑是指项目、项目集中的重要时点或者事件，里程碑清单列出了项目或者项目集所有里程碑，并指明了每个里程碑是强制性的，还是非强制性的。

三、排列活动顺序

排列活动顺序，是识别和记录项目活动间逻辑关系的过程。它决定活动之间的相互制约和依赖关系，是进一步编制进度计划的基础和前提。在顺序关系中，只有当一项活动在另一项活动完成以后方能开始，并且中间不插入其他活动，则称另一项活动为该活动的紧前活动；反之，只有当一项活动在它完成以后，另一项活动才能开始，并且中间不插入其他活动，则称另一项活动为该工作的紧后活动。除了首尾两项，每项活动和每个里程碑都至少有一项紧前活动和一项紧后活动。对这些活动进行排序，有助于梳理项目进行的先后次序，对于提高项目进度管理科学化水平具有重要作用。

（一）排列活动顺序的方法

排列活动顺序通常使用项目管理软件进行实现，当作业条件不具备时，也可以进行人工作业。不论是借助项目管理软件还是人工排序，实质上使用的方法是一致的，通常采用箭线图法、节点图法、进度网络模板、确定依赖关系等。

1. 箭线图法

箭线图法是用箭线代表活动，用节点表示活动之间的关系。活动用一根箭线和两个圆圈来表示。活动的名称写在箭线的上面，完成活动所需要的时间写在箭线的下面，箭尾表示活动的开始，箭头表示活动的结束。圆圈中的两个号码代表这项活动的名称。活动通常可以分为两种：第一种为需要消耗时间和资源的活动，用实箭线表示；第二种为既不消耗时间、也不消耗资源的活动，则称为虚活动，用虚箭线表示。虚活动是人为的虚设工作，只表示相邻前后活动之间的逻辑关系。箭线图法示意图如图 7-3 所示。

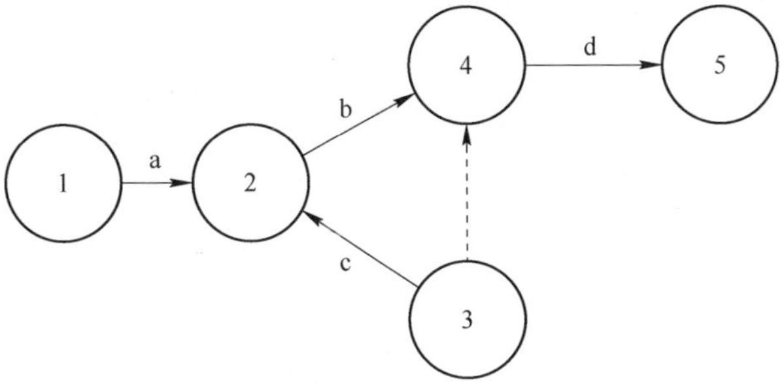

图 7-3　箭线图法示意图

2. 节点图法

用节点表示活动，用箭线表示事件，其中箭线仅表示各个活动之间的先后顺序。

在使用单代号网络图的过程中，当有多个活动不存在前导活动时，通常就是把它们表示成从一个叫作“开始”的节点引出。当多个活动没有后续活动时，通常把它们表示成从一个叫作“终止”的节点上。活动与活动之间有着不同的关系，都可以用节点图进行表示。相邻两项活动同时开始即为平行关系；相邻两项活动先后进行即为顺序关系；前一活动结束，后一活动马上开始则为紧连顺序关系；后活动在前一工作结束后隔一段时间才开始则为间隔顺序关系。

3. 进度计划网络模板

进度计划网络模板是利用已经标准化的网络图，加快新项目网络图的编制。这些标准网络图，可以是整个项目或者是项目其中的一部分，即子网络图。当项目包括几个一样的或者几乎一样的工作时，子网络图的设计就变得特别便捷，网络模板作用就得到凸显。

4. 确定依赖关系

活动之间的先后顺序称为依赖关系。在进度管理中，通常使用强制性依赖关系、组织关系和外部依赖关系，来进行排列活动顺序。

（1）强制性依赖关系。强制性依赖关系又称硬逻辑关系，是活动相互关系确定的基础，它是活动之间所存在的内在关系，通常是不可调整的，所以强制性依赖关系的确定相对比较明确、容易，通过技术和管理人员的交流就可完成。

（2）组织关系。活动的组织关系通常没有固定的逻辑，具有一定的随意性、人为性。这种组织关系的确定一般比较困难，它通常取决于项目管理人员的知识和经验。

（3）外部依赖关系。在排列活动顺序过程中，项目管理团队应明确哪些依赖关系属于外部依赖关系，哪些是内部依赖关系。外部依赖关系是项目活动与非项目活动之间的依赖关系，内部依赖关系是项目活动之间的依赖关系。

（二）排列活动顺序的输出

确定活动相互关系的最终结果，通常是要得到一张描述项目各活动相互关系的项目进度网络图或者是项目活动关系表。

1. 项目进度网络图

项目进度网络图是表示项目活动的顺序以及这些活动相互之间的逻辑关系的图形，如节点图、箭线图。它们可由计算机生成或者手工绘制。图中既可以包括整个项目的全部细节，也可以仅包括项目的主要活动。项目进度网络图如图 7-4 所示。

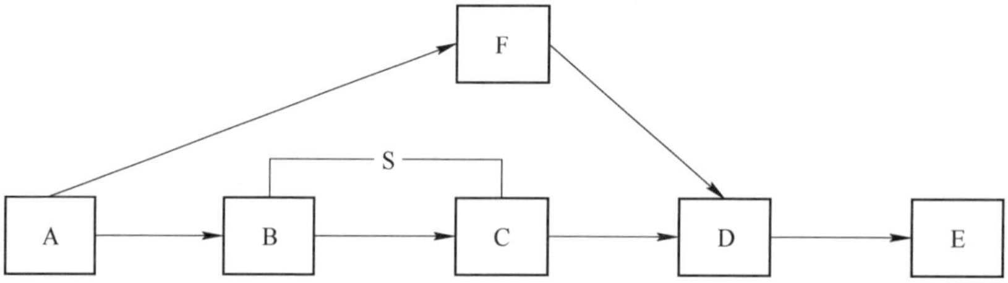

图 7-4　项目进度网络图

2. 项目活动关系表

在排列活动顺序过程结束后，也可以将网络图中的活动及关系转换为表格形式，以便更加详细地描述这些活动的属性。项目活动关系示意图如图 7-5 所示。

四、估算活动资源

估算活动资源就是要确定完成项目活动所需资源的种类，以及每种资源的需要量，从而为项目成本估算提供信息的活动。估算活动资源的核心是回答项目的活动在特定的时间，需要投入何种资源以及每种资源的需要数量。

活动名称	紧前活动	紧后活动	相互关系
A	—	B F	
B	A	C	S
C	B	D	
D	C	E	
E	D	—	
F	A	D	

图 7-5 项目活动关系示意图

（一）估算活动资源的输入

估算活动资源的输入有事业环境因素、组织过程资产、活动清单、活动属性、资源日历。

活动清单：从活动清单中可以识别哪些活动需要资源。

活动属性：在定义活动和排列活动顺序过程中所确定的活动属性，是估算活动清单中各项活动所需资源的主要输入。

资源日历：资源日历说明了在拟开展活动的时期中，哪些资源可用，也说明了这些资源何时可用以及可用多长时间。资源日历记录了确定使用某种具体资源的信息，这些信息包括具体资源的属性、可利用的时间，以及每一资源可供使用的数量等。

事业环境因素：可能影响估算活动资源过程的事业环境因素包括但不限于资源可利用情况和技能水平。

组织过程资产：可能影响估算活动资源过程的组织过程资产包括但不限于关于人员配备的政策和程序；关于租用、购买物品和设备的政策与程序；以往项目的类似工作所使用的资源类型。

（二）估算活动资源的方法

估算活动资源的方法有专家判断法、备选方案分析法、自下而上的估算方法、使用估算软件等，还可以使用已经公开的一些估算数据。

专家判断：经常需要利用专家判断，来评价本过程与资源有关的输入。具有资源规划与估算专业知识的任何小组或者个人，都可以提供这种专家判断。

多方案遴选：很多进度活动都有若干种可选的实施方案，通过有经验的项目团队进行优选。

定额法：定额法是指根据定额进行项目资源估算的一种方法。定额是在合理的劳动组织和合理地使用资源的条件下，预先规定完成单位合格产品的消耗的资源数量标准。采用定额法进行项目资源估算时，首先需要测算每个项目所需的用工量，包括基本工作量和其他需用工作量，然后再加上这个项目所需的各类资源。

项目管理软件：项目管理软件有助于计划、组织与管理可用资源，以及编制资源估算。利用先进的项目管理软件，可以确定资源分解结构、资源可用性、资源费率和各种资源日历，从而有助于优化资源使用。

自下而上估算：当无法以合理的可信度对活动进行估算时，可将活动进一步细分，然后估算资源需求，再把这些资源需求汇总起来进行总体估算。

资源计划矩阵：资源计划矩阵是指在项目工作分解结构的基础上，结合每项工作所需的资源需求量绘制得出的矩阵表格，便于从归属类别中进行分类估算。资源计划矩阵示意图如图 7-6 所示。

工作	资源 1	资源 2	资源 3	资源 N-1	资源 N	备注
工作 A						
工作 B						
工作 C						
工作 D						
工作 E						
工作…						

图 7-6　资源计划矩阵示意图

（三）估算活动资源的输出

估算活动资源过程的输出是识别和说明工作包中的每一个计划活动所需要的资源类型和数量，主要包括活动资源需求、资源分解结构。

活动资源需求是指项目的各项活动在何时需要何种资源以及当项目的几项活动共用一种资源时，如何进行合理的资源分配的文档。

资源分解结构是指资源分解结构是按照资源种类和形式而划分的资源层级结构。资源类别主要包括：人力、物力、技术等。资源分解结构有助于结合资源使用情况，组织与报告项目的进度数据。

五、估算活动持续时间

估算活动持续时间是指依据项目范围、资源和相关信息，对完成项目各种活动所需要的时间做出估算的过程。估算活动持续时间，通常由项目团队中最熟悉具体活动的个人或者小组，来提供活动持续时间估算所需的各种输入。对持续时间的估算是渐进明细和逐步完善，取决于输入数据的数量和质量。

（一）估算活动持续时间的方法

项目团队通常依据活动清单、活动属性、活动资源需求、资源日历、项目范围说明书等，综合考虑人力、物力、财力等各种资源情况，通常采取类推估算法、专家判断、参数估算等方法。

类推估算法：在进行活动持续时间估算时，类推估算是将过去类似项目活动的实际时间作为估算未来活动时间的基础，通过类比来推测和估算当前项目活动所需的时间。

专家判断：借鉴历史信息，通过行业专家，综合判断项目持续时间，通常需要给出各活动持续时间的上限。

参数估算：参数估算是指利用历史数据与其他变量之间的统计关系，来估算成本、预算和持续时间等活动参数。把需要实施的工作量乘以完成单位工作量所需的工时，即可计算出活动持续时间。这种方法的准确性取决于参数模型的成熟度和基础数据的可靠性。参数估算可以针对整个项目或者项目中的某个部分，并可与其他估算方法联合使用。

功能点估算：功能点估算是在软件需求分析阶段基于系统功能的一种规模估计方法。通过研究初始应用需求来确定各种输入、输出。实践证明，对于人力资源管理信息系统的开发，功能点估算法对项目早期的活动估计很有效果。

储备分析：出于一种谨慎的考虑，可以按照估计出的时间的一定百分比预留一些时间来作为对应急情况发生时的一种补充。在进行时间风险管理时，项目团队可在总的项目进度表中以应急时间、时间储备、缓冲时间等形式来应对时间风险。

（二）估算活动持续时间的输出

估算活动持续时间的输出主要包括估算出的活动持续时间和所需要更新的项目文档。

（1）估算出的活动持续时间。项目活动时间估算是对完成某项活动所需要的工作时间进行定量估计，并且应当标识项目活动时间的变动范围。变动范围关键要素是各活动持续时间的上限。

(2) 更新的项目文档。项目团队在估算时间后，活动属性及用以估算活动持续时间的假设条件等可能需要更新。

六、制定进度计划

制定进度计划就是决定项目活动的开始和完成时间。制订进度计划，通常由项目主管邀请有关职能部门的人员共同参加，综合考虑各方面因素的影响，尤其要综合考虑活动持续时间估算和成本估算，对项目进度总目标和各阶段目标进行明确。

(一) 制定进度计划的要求

项目有不可压缩的最短周期。制定项目进度计划，需要考量周期与进度的关系，结合各工作组的实际业务能力和具体资源需求，尊重事物发展的客观规律，注意适当留有余地。

项目有最经济的成本周期。制定项目进度计划，需要考量周期与成本的关系，在追求最低成本和进度时间上要综合衡量，有所取舍，往往两者不可兼得。

项目有最高目标的质量周期。制定项目进度计划，需要考量周期与质量，如果要追求短时间完成项目，那么错误率就会比较高，质量必然下降，但也不能为了追求最完美质量，使得项目延长超过不合理的范畴。

这就要求，需要争取处理成本目标、进度目标、质量目标三者之间的关系，必需要注意统筹兼顾，合理确定三大目标，确保协调统一。

(二) 制定进度计划的方法

制定进度计划通常采取关键路径法、计划评审技术、关键链法、假设场景分析等方法。

关键路径法是一种运用特定的、有顺序的网络逻辑来预测项目每项活动最早开始时间、最早完成时间、最迟开始时间和最迟完成时间四个参数。这一方法可决定哪一活动有最小时间弹性，进而统筹计算出整个项目的工期和关键路径。

计划评审技术是采用网络图来描述一个项目的任务网络，从一个项目的开始到结束，把应当完成的任务用图或者表的形式表示出来。通常用两张表来定义网络图。一张表给出与一特定信息系统项目有关的所有任务，另一张表给出应当按照什么样的次序来完成这些任务。这一方法，有利于在任务计划执行过程中估计任务完成的形势，分析某些子任务完成情况对全局的影响，找出影响全局的区域和关键子任务，以便及早采取有效措施，确保整个任务的完成。

关键链法是一项根据项目拥有的有限资源来调整项目进度计划的网络分析技

术。在项目进度规划的工具方法中，应用最为广泛的是前面所述的关键路径法和计划评审技术。但是，它们仅考虑了活动执行时间和活动之间的紧前、紧后约束关系，并将项目拥有的资源优先配置于关键路径上的那些活动。而关键链法则考虑了活动所需的时间和资源的双重约束。这一方法，将资源约束考虑其中，更加符合项目执行的实际。

假设场景分析是基于已有的项目进度计划考虑各种不同的情景，进行设想情况进行建模分析的方法。即对项目活动做出多种假设，并计算项目在各种假设前提下的各种持续时间。这一方法，需要针对项目类型、规模以及具体的功能，通过情况设定，引入数学模型和模拟技术来完成。

（三）制定进度计划的输出

制定进度计划的输出主要包括项目进度计划、进度基准、进度数据等。

1. 项目进度计划

项目进度计划至少包括每项活动的计划开始日期与计划完成日期。通常通过甘特图和时标网络图的形式进行表示。

甘特图也称为横道图或者条形图，把计划和进度安排两种有机结合在一起。用水平线段表示活动的工作阶段，线段的起点和终点分别对应着活动的开始时间和完成时间，线段的长度表示完成活动所需的时间。甘特图的优点是标明了各活动的计划进度和当前进度，能以视觉化呈现项目进展情况、反映活动之间的静态的逻辑关系，具有简单、明了、直观等特点。缺点是难以反映多个活动之间存在的复杂的逻辑关系，不利于组织安排整个系统，更不利于对整个系统进行动态优化管理。

时标网络图克服了甘特图的缺点，用带有时标的网状图表示各子任务的进度情况，以反映各子任务在进度上的依赖关系。两种表现形式，需要以项目的实际情况进行选择。

2. 进度基准

进度基准是根据进度网络分析得出的一种特有的项目进度计划。该进度计划在获得项目管理团队的认可与批准之后，可以作为进度基准使用，并标明基准开始日期和基准完成日期。

3. 进度数据

进度数据主要包括进度里程碑、活动清单、活动属性以及所有已识别的制约因素与假设条件的文字性记录和数值等。

七、控制进度

控制进度是指改变某些因素使进度朝有利方向改变，确定原有的进度已经发生改变，当实际进度发生改变时要加以控制，信息系统项目的控制进度过程就是监视和测量项目的实际进展。若发现实施过程偏离了计划，就要找出原因、采取行动，使项目回到计划的轨道上来。简单地说，控制进度就是比较实际状态和计划之间的差异，并依据差异做出必要的调整以使项目向有利于目标达成的方向发展。控制进度需要做好以下工作：

（1）判断项目进度的当前状态；

（2）对引起进度变更的因素施加影响；

（3）确定项目进度是否已经发生变更；

（4）在变更实际发生时对其进行管理。

（一）影响进度的因素

为了有效地控制进度，必须对影响进度的因素进行分析，以便事先采取措施，尽量缩小实际进度与计划进度的偏差，实现项目的主动控制与协调。在项目进行过程中，很多因素影响项目工期目标的实现，这些因素可称为干扰因素。影响项目工期目标实现的干扰因素，可以归纳为以下几个方面（见图 7-7）。

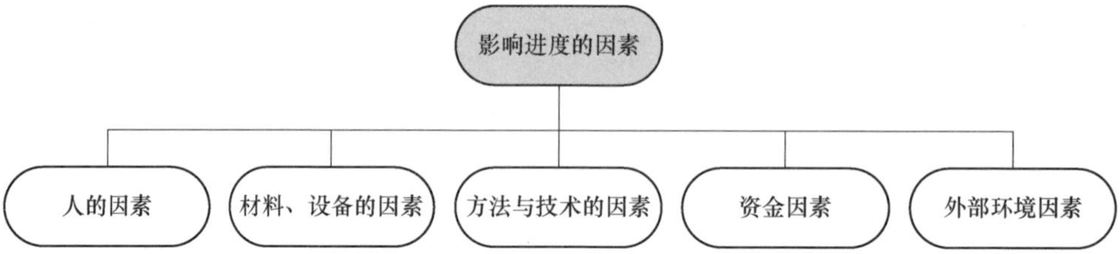

图 7-7　影响进度的因素示意图

1. 人的因素

项目中人的因素是第一位的，可以说是决定性的因素。项目管理实践证明：人的因素是比精良的设备、先进的技术更为重要的项目成功因子。

（1）项目主管。项目主管是项目委托人的代表，是项目启动后项目全过程管理的核心，是项目班子的领导者，是项目有关各方协调配合的桥梁和纽带。由于项目有关各方参与项目的动机和目的不同，关心的重点不同，对项目的期望和投入也不同，在项目的进展过程中，很难做到步调一致。因此，矛盾和冲突就不可避免。项目主管要负责沟通项目的各有关方面，协调和解决这些矛盾和冲突，是决定项目成功与失败的关键人物。项目主管必须明确自己在项目管理中的地位、作用和职责，并取得必要的权限。

（2）项目团队。再好的项目计划若没有执行能力强大的团队也可能化为泡影。一个稳定团结的核心团队是项目最宝贵的资源。项目团队成员一般都来自不同的组织。由于不同的人价值观不同，为人处世的方法、思考问题的方法也不同，所以人际沟通在项目中的重要性也就突显出来。沟通是协调的基础，只有良好的沟通才能达到协调的目的。通过沟通可以掌握客户现实的需求和潜在的需求，可以制定合理的项目计划，发现项目中已经存在的或者潜在的问题，可以增强团队的凝聚力和工作效率等。在项目团队中，骨干人员的素质和经验又是至关重要的，在信息技术项目中尤为如此。另一方面，要时刻警惕团队中的害群之马，防止一些人制造、散布负面的言论，影响整个团队的士气。团队的工作效率直接影响项目的进度，优秀的团队一天能完成的工作，配合不默契的团队往往要干上一个月。

（3）项目干系人。不同的干系人对项目有不同的期望和需求，他们关注的目标和重点常常相去甚远。例如，在某地铁建设项目中，地铁单位十分在意时间进度，开发人员往往更注重技术一流，政府部门可能关心税收，附近社区的公众则希望尽量减少不利的环境影响等。项目干系人有意无意地会干扰项目以确保项目尽可能满足他们的利益，甚至使之偏离既定目标，同时，他们也会成为影响项目进度的因素。最常见的是不懂技术和项目管理的领导对项目的野蛮干涉等，项目主管要特别警惕。

2. 材料、设备的因素

材料、设备往往成为制约项目进度的关键因素。材料和设备对进度的影响可以归纳为三点：停工待料、移植返工、效率低下。

（1）停工待料。停工待料在信息系统项目中不突出，系统集成项目中往往会如此，尤其是一些要进口报关的设备或者材料，需要提前有思想准备。如果系统集成项目中包括了设备，设备必须在部署阶段之前到位，项目主管应当提早注意，及时提醒相关人员。

（2）移植返工。信息系统项目中经常会遇到，因为一些设备没有到位，而采用临时设备先开发，等新设备到位后再移植过来。比如，小型计算机需要进口报关，先用 PC 服务器开发，结果等小型计算机到位后遗憾地发现移植并不那么容易，很多地方不兼容，导致大量的修改，多处返工，给项目的进度带来很大影响。

（3）效率低下。软件开发的设备选择非常重要。开发时用的设备要和用户的设备要求大致相当，有时开发时用的设备很好，对用户的设备要求也无形中提高了。有时相反，开发使用的设备性能影响效率，进而影响项目进度。

3. 方法与技术的因素

在信息系统项目中，使用不同的方法完成系统的功能，工作量动辄会相差好几倍甚至几十倍。好的工具、控件的应用往往会节省很多时间。同样地，合适的技术路线也很重要，在信息系统项目中，经常会发生因某一技术难题不好解决而拖延时间的问题。由于在系统设计中，软件需求、硬件需求，以及其他因素之间是相互制约、相互影响的，经常需要权衡。因此，必须认识需求定义的易变性，采用适宜的开发模型予以控制，以保证产品满足用户的要求。一般来说，选择成熟的技术，进度会保证，在技术难题攻关中也容易寻求帮助。

4. 资金因素

进度、资金、质量之间是相互作用、相互影响的，资金对项目进度的影响是显而易见的，资金不到位项目只能暂停。在制定进度计划时就要考虑资金预算的配套，否则进度控制也是空谈。

5. 外部环境因素

项目不是空中楼阁，都是在特定的环境下进行的。项目主管必须对项目所处的外部环境有正确的认识。项目的外部环境包括自然、技术、政治、社会、经济、文化，以及法律法规和行业标准等。

环境因素可以分为硬环境和软环境两类。硬环境包括开发环境、施工场地等，软环境包括政策影响、宏观经济等。环境的变化有时是始料未及的，项目主管要分析环境变化对项目的影响，采取适当的措施。

对以上因素做进一步分析，一般存在以下几种状况：

（1）错误估计了项目实现的特点及实现的条件。低估了项目的实现在技术上存在的困难；未考虑到某些项目设计和实施问题的解决，必须进行科研和实验，而这些既需要资金又需要时间；低估了项目实施过程中，各项目参与者之间协调的困难；对环境因素、物资供应条件、市场价格的变化趋势等了解不够等。

（2）盲目确定工期目标。不考虑项目的特点，不采用科学的方法，盲目确定工期目标，使得工期要么太短，无法实现；要么太长，效率低下。

（3）工期计划方面的不足。项目设计、人员、设备等资源条件不落实，进度计划缺乏资源的保证，以致进度计划难以实现；进度计划编制质量粗糙，指导性差；进度计划未认真交底，操作者不能切实掌握计划的目的和要求，以致贯彻不力；不考虑计划的可变性，认为一次计划就可以一劳永逸；计划的编制缺乏科学性，致使计划缺乏贯彻的基础而流于形式。

项目实施者不按计划执行，凭经验办事，使编制的计划徒劳无益，不起作用。

(4) 项目参加者的工作失误。设计进度拖延；突发事件处理不当；项目参加各方关系协调不顺等。

(5) 不可预见事件的发生。例如，恶劣气候条件、复杂的地质条件等。

以上仅列举了几类问题，而实际出现的问题更多，其中有些是主观的干扰因素，有些是客观的干扰因素。这些干扰因素的存在，充分说明了加强进度管理的必要性。在项目实施之前和项目进展过程中，加强对干扰因素的分析、研究，将有助于进度管理。

(二) 控制进度的方法

在项目进展中，有些活动会按时完成，有些会提前完成，而有些活动则可能会延期完成，所有这些都会对项目的未完成部分产生影响。特别是已完成活动的实际完成时间，不仅决定着网络计划中其他未完成活动的最早开始与完成时间，而且决定着总时差。控制项目进度通常采取进度报告、S 型曲线比较法、绩效衡量技术、比较横道图等方法。

进度报告：进度报告是控制进度的方法，各工作组需要及时向项目主管报告各活动实际开始时间，以及未完成计划活动的剩余持续时间。项目主管，通过项目进度报告，及时调整和修正项目进度计划，控制项目进度。

S 型曲线比较法：S 型曲线比较法是指以横坐标表达进度时间，纵坐标表示累计完成任务量或者已完成的投资，而绘制出一条按计划时间累计完成任务量的 S 型曲线，将项目的各检查时间实际完成的任务量与 S 型曲线进行实际进度与计划进度相比较的一种方法。这种方能够在图上直观地进行项目实际进度与计划进度的比较。通常，在计划实施前绘制出计划 S 型曲线，在项目进行过程中，按规定时间将检查的实际完成情况，绘制在与计划 S 型曲线同一张图中，即可得出实际进度的 S 型曲线。比较两条 S 型曲线，即可得到相关信息。

绩效衡量技术：绩效衡量技术是指通过对进度偏差与进度绩效指数进行分析，估计实际发生的项目进度偏差的大小。

比较横道图：比较横道图是指用两条横道对进度偏差进行比较的方法。一条横道表示实际状态，另一条横道表示经过批准的项目进度基准状态。这种方法，能够直观显示何处绩效符合计划预期，或者何种活动已经延迟。

（三）控制进度的输出

控制进度的输出，通常包括工作绩效状况、更新的进度、更新的项目进度计划、更新的组织积累资源等。

工作绩效状况：工作绩效状况主要指根据项目进度计划对项目进度进行控制的绩效状况、更新的项目进度计划。

更新的进度：将实际进度与计划进度进行比较并分析结果，以保持项目工期不变，保证项目质量和所耗费用最少为目标，做出有效对策，进行项目进度更新。项目管理人员对已经确定的进度偏差的活动和调整偏差值的大小，对进度进行更新。

更新的项目进度计划：项目进度计划的调整往往是一个持续反复的过程，需要关注关键活动的调整、非关键活动的调整和工作项目的增减，对项目进度计划进行更新。

更新的组织积累资源：若进度发生偏差，应及时进行控制和调整。这些控制、调整的管理经验所形成的相关文件，应当纳入组织积累的资源当中，为以后的项目管理工作提供参考。

第八章　人力资源管理信息系统项目成本管理

在确保项目顺利完成前提下，最大限度节约成本是项目管理追求的目标之一。人力资源管理信息系统项目成本超支在实践中十分常见，特别是在医疗卫生、金融证券等行业，信息系统建设成本超支现象更为普遍。原因在于，人力资源管理信息系统成本管理的需求不明、预算不准、控制不严，导致决策成本、招标成本和实施成本都会出现一定程度的超支。因此，必须加强人力资源管理信息系统项目成本管理。项目成本管理，是指为保证项目实际发生的成本不超过项目预算成本所进行成本估算、成本预算和成本控制等方面的管理过程，主要包括成本估算、成本预算和成本控制。

一、成本估算

成本估算，顾名思义是对完成项目活动所需的资金进行估量推算的过程，是在某特定时点，基于当前已知信息，所做出的对未来的预测。项目成本估算是建立在已知信息基础上进行的，由于已知信息的局限性，未知信息的动态性和复杂性，决定了成本估算的不确定性。随着项目开展逐步深入，项目进行中会出现新的可用资源，也会出现原有支撑资源已无法满足项目需要，所以项目成本估算应随着项目的进展而进行调整，以确保项目的实施能以项目成本估算为依据。

（一）成本估算的基本方法

成本估算通常采取分解和类推相结合，综合选用自顶向下的估算法、自底向上的估算法和差别估算法等估算方法。成本估算的基本方法如图 8-1 所示。

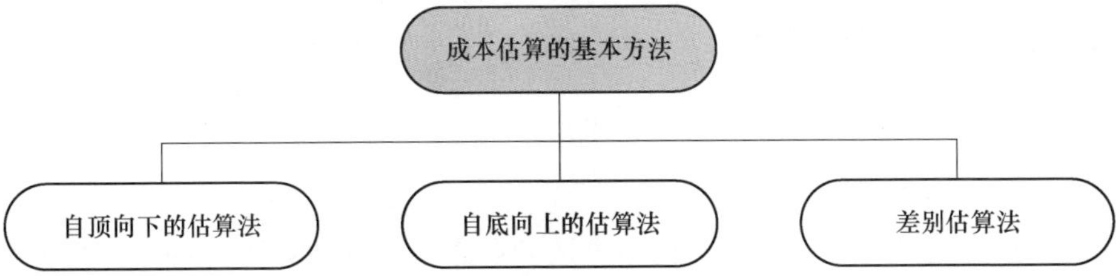

图 8-1　成本估算的基本方法示意图

1. 自顶向下的估算法

自顶向下的估算法的主要思想是“由整体到局部”，从项目的顶层出发，进行推演。根据过去已完成项目所发生的总成本，来推算将要开发的信息系统的总成本，然后自上而下地将它分配到各个开发单元任务中去。主要优点是依托现有经验，最大减少估算工作量，提升工作实效，能够相对准确地把握项目的整体需要，会从顶层设计着眼，综合考虑项目中的资源分配，进而把预算控制在有效的范围内，避免出现个别任务预算过多，而有些则预算不足等顾此失彼、不能兼顾的情况。适用于已有成熟项目估算案例可借鉴的情况进行使用。

这种方法的主要缺点是如果基层或者下属人员认为所估算的成本不足以完成任务时，由于和管理层的“话语权”不同，很有可能没有机会表达或者不想表达，而不是通过有效的沟通、讨论，形成更为合理的估算，仅仅是被动地等待管理层发现或者是随着项目的推进中发现问题，再自行纠正。这样会导致项目的执行出现困难，甚至是失败。自顶向下估算对项目中的特殊困难估计不足，估算出来的成本盲目性大，有时会遗漏项目过程中的某些部分。

2. 自底向上的估算法

自底向上估算的主要思想是把待开发的软件细分，直到每一个子任务都已经明确所需要的开发工作量，然后把它们汇总起来，得到软件开发的总工作量。这也是一种常见的估算方法。

自底向上的估算的主要优点是由于项目实施人员更了解每个子任务所需要的资源，故对于任务和子任务上的估算更为精确，可以避免项目实施人员对管理层所估算值的不满和对立。缺点是仅仅站在“局部”“单个”的视角，缺少对各项子任务之间相互联系的考虑，也缺少许多与软件开发有关的系统级工作量（配置管理、质量管理、项目管理）的整体评估。所以往往估算值较实际会偏低，因此必须用其他方法进行补充检验和校正。

要使得自底向上估算方法尽可能精确，要求项目实施人员对各个子任务的情况要做到了解和精通程度，但这只是一种理想状态，在真实的开发实践中，是不可能做到的。信息技术发展日新月异，要求建设、研发人员必须不断学习，同时信息系统可能包含的各种技术以及技术应用的范围和广度也不同，这些都会导致成本估算出现偏差。

3. 差别估算法

差别估算法结合了自顶向下的结算法和自底向上的估算法的特点，其主要思想是把待开发的信息系统项目与过去已完成的信息系统项目进行类比，从其开发的各个子任务中区分出相同或者近似的部分和不同的部分。相同或者近似的部分按实际量进行计算，不同的部分则采用相应的方法进行估算。这种方法的优点是可以提高估算的准确程度，缺点是不容易明确“近似”的界限。

（二）人力资源管理信息系统的成本估算

作为相对成熟的人力资源管理信息系统项目，人力资源管理信息系统成本估算一般可采用专家评估的方法进行成本估算，因为对于比较成熟项目来说，专家估算的结果相对比较准确、可信。但是专家也是普通人，对于有些项目，比如比较新的技术，大数据、人工智能、云融合等，可能也会没有类似项目经验，所以即使是专家，在成本估值的准确性上很有可能存在一定偏差，需要专家学习这些相关的新技术，提升专业技能，通过与开发团队项目主管沟通学习，在这方面会在后续的优化方案中做进一步讨论，以经过 WBS 工作分解后的工作包为基础，采用自底向上的方式进行评估，专家学习这种新技术使用的成本估算方法，为成本估算提供技术支持，目前主要采用的经过优化的“专家估算”法。

1. 成本估算存在的主要问题

（1）专家的专业度不够。一般来说，对于人力资源管理信息系统项目成本估算的主要专家通常是来自市事业单位管理局、市人力资源与社会保障部中的事业单位管理部门和信息化产业部门等，以信息技术人员为主。当前信息技术正处在一个高速发展的时代，技术更新迭代加剧。以上人员尽管实践经验很丰富，但是对于新技术学习毕竟有限，比如现在新兴的物联网、大数据技术、人工智能技术、区块链技术、云融合等，针对要上线的涉及此类新技术的产品，而专家并不一定具备完备的这方面的技术系统建设专业知识，也就会造成对于这类技术成本评估的偏差。为了矫正这种变差，可以适当地从外部聘请或者组织学习的方式提高专家评估的准确性。

（2）专家估算的准确度不够。专家估算是根据专家个人的行业经验和历史数据对人力资源管理信息系统开发的成本进行估算。历史经验数据，往往随着时间的变化，外部环境的变化，各种成本数据较历史数据也会发生变化。例如，人工成本的变化，软硬件成本的变化，这些在一定程度上都会导致成本的变化。

鉴于以上两个原因，但是同时作为人力资源管理信息系统的应用方，对于信息系统项目成本的估算本身就不可能太过于细致，所以对于当前使用的专家估算法进一步优化。

2. 成本估算优化

在人力资源管理信息系统项目实施过程中，对 WBS 的分解是关键，这样就可以请相关专家从分解的工作包开始评估，采用工作包自下而上的方式，附加一定的冗余，进而加总得到整个项目的估算成本。

前面的章节介绍过，“自下而上”成本估算法是将经过 WBS 分解的工作包，根据其复杂度和所需时间进行细致的估算，再使用递归“回滚”的方法，合并得到最终的估算结果。在这个估算的过程中主要依靠专家估算，分别由应用方和开发方共同邀请专家评审，以保证每一个工作包成本的估算能相对准确，最后总项目加总，讨论分析附加应急成本储备，这样就得到项目的最终成本估算。

二、成本预算

制定成本预算是汇总所有单个工作包的成本估算，建立一个经批准的成本基准的过程。成本基准中包括所有经批准的预算，但不包括管理储备。项目预算决定了获批的用于项目的资金，获批的预算也将作为考核项目成本绩效的依据。预算的制定过程中，项目主管需从多个方面综合考虑，如直接成本、间接成本，管理费用以及是否利用历史数据问题等。

（一）制定预算的作用

制定预算有以下三个作用：

（1）制定预算是按计划分配项目资金的活动，是保证项目能够获得所需要资源的重要管理机制。

（2）制定预算同时也是一种控制机制。项目成本预算是项目活动在实际实施过程中资源使用数量和效率的度量标准，项目工作所花费的实际成本应当尽量控制在预算成本的限度以内。

（3）制定预算为项目管理人员监控项目实施进度提供了对标参考。在项目实施的任何时间点上，都应当按照节点的预算进度执行。

（二）制定预算的步骤

不管使用什么技术和工具来编制项目的成本预算，都必须经过下列三个步骤：

（1）分摊项目总成本到 WBS 的工作包中，为每一个工作包建立相应的预算成本，再将所有工作包的预算成本进行相加，结果不能超过项目的总预算成本。

（2）将分配给每个工作包的成本，再次分配到工作包所包含的各项活动中。

（3）确定各项成本预算支出的时间表，对标到关键、里程碑节点的时间点所对应的累计预算成本，制定出项目成本预算计划。

（三）需要考虑的因素

在进行项目预算时，除了要考虑用于直接投入到项目中的直接成本，还要考虑其他非直接成本和一些对成本有影响的其他因素，可能包括：

（1）非直接成本。如租金、保险和其他管理费用。另外，如果项目活动中，有些工作在项目期限内是项目组成员无法完成的，那么就可能需要通过项目外包的形式或者聘请专业顾问的形式来完成。如果项目需要专门的工具或者设备，而采购这些设备的成本或者代价较高，可采用租用的方式。

（2）沉没成本。沉没成本是与当前项目关联的，过去已经发生的但并未创造价值的成本。

（3）学习成本。如果在信息系统项目中应用了项目组成员之前未使用过的新技术、新方法，那么在应用这些新技术和新方法之初，项目组成员必定会有一个学习和适应的过程，会投入许多时间和劳动，进行尝试和试验，这些无疑会增加项目的成本。同理，如果这个项目，是项目组之前没有从事过的项目，对开发人员来说是个全新的项目，那比对原有项目升级的成本高得多，这就包含了学习新技术、新原理和梳理新流程的学习成本。

（4）项目完成的时限。通常人们会觉得，项目用时短，则成本低，事实恰恰相反，项目需要的时限越短，完成的成本反而越高。因为压缩了信息系统项目的交付日期，必定需要在其他的资源上进行倾斜，如项目组成员加班的人工成本，且如果过于赶进度，就有可能通过减少设计和测试上的相应投入，随之而来项目的风险会增加。

（5）质量要求。项目的成本估算包含了对根据项目的质量要求，全市人力资源管理信息系统和某单一人力资源管理软件，即使某个别功能模块有相似，但是在复杂度和质量要求方面也大相径庭，其成本估算自然有很大的差异。

（6）保留。保留是为无法预料的风险和其他情况而准备的预留成本。备有保留，将使得项目的抗风险能力增强。

（四）零基准预算

零基准的预算是指在项目预算中，完全抛弃以过去相似的项目成本作为成本预算基准，而是项目以零作为基准，根据项目的规模、性质、质量要求、工期要求等估计所有的工作任务的成本。

假设事业单位人力资源管理信息系统在A市实施的成本是80万元。现在有一个新的地区要实施事业单位人力资源管理信息系统项目，那么对比两个项目之间的差距，如果新的项目范围估计要扩大10%，则成本预算可以在80万元的基础上增加10%。如果采用零基准预算的方法，就不是简单的在过去的项目基础上进行增加。而必须以零作为基准，重新核定项目成本，这样做的目的是避免由于预算人员的惰性或者疏忽而继续在新的项目中存在一些实际上没有继续存在必要的成本支出。零基准预算通常用于一系列的项目，或者整个组织和时间跨度为几年的项目。

零基准预算由于不利用以前有过的项目的成本作为参考基准，即使是以前曾经做过的项目，也要再做一次成本预算。主要的缺点就是容易发生组织内部的“内耗”。因为担心项目成本有可能被削减，而把自己负责的部分无论是否真有存在的必要，都会要求保留，以免被认为是不再需要的成本预算而在新项目中被取消。

项目预算 =（成本估算 + 应急储备）+ 管理储备

三、成本控制

成本控制是通过监督项目状态，进行项目预算更新、管理成本基准变更的过程。更新预算需要清楚截至目前的实际成本，并通过实施整体变更控制过程批准，方可增加预算。然而，如果仅仅监督资金的支出，却不考虑发生支出所产生的工作价值，这种监督没有实际意义，除了控制资金限额，面对项目的绩效没有促进作用。所以，在成本控制中，应重点分析项目资金支出与相应完成的成效工作之间的关系。

项目成本控制的依据主要体现在项目成本基线、成本管理绩效报告、变更请求及成本管理计划几个方面。有效成本控制的关键在于，对经批准的成本绩效基准及其变更进行管理。项目成本控制的主要方法有挣值管理法、项目成本变更控制体系、成本附加计划法、项目成本绩效度量方法、项目成本控制的软件工具。实际在人力资源管理信息系统开发应用中，多采用挣值管理法。

（一）挣值管理分析

1. 基本参数

在信息系统集成项目中应用挣值管理分析，首先要计算挣值管理的以下三个基本参数。

第一个参数是计划工作的预算费用（BCWS），现也被称为计划价值（以下简称 PV），PV 表示了项目执行到某一时间节点时计划花销的预算成本。PV 通常不反映项目实际消耗的成本，而是反映根据项目进度计划需要完成的工作预算。

计算为：

PV = 计划完成工作量 × 预算定额单价

第二个参数是已完成工作实际费用（ACWP），现也被称为实际成本（以下简称 AC），AC 表示了项目已完成工作已经发生的实际消耗情况。

第三个参数是已完成工作量的预算成本（BCWP），现也被称为挣值（以下简称 EV），挣值是挣值管理中的核心要素，是成本和进度联系的连接点。EV 表示项目已完成部分实际应该花费的成本，是根据项目实际完工比例和对应的预算成本而得出的。

EV 的计算公式为：

$$EV = 实际已完成工作 \times 预算定额单价$$

2. 信息系统集成项目的评价

在信息系统集成项目成本管理过程中，需要综合运用挣值管理分析的三个基本参数值来衡量在检查点时项目的进度和成本绩效情况。通常利用挣值管理的以下四个评价指标来评价信息系统集成项目的绩效情况。

挣值管理的四个评价指标为：

（1）成本偏差（以下称 CV），CV 表明了挣值与实际成本之间的差异。

计算公式为：

$$CV = EV - AC$$

在出现 $CV<0$ 的情况时，说明了项目发生超支；当出现 $CV>0$ 的情况时，说明了实际成本低于预算成本。在出现 $CV=0$ 的情况表明了项目执行正常，实际成本与预算相同。

（2）进度差异（以下简称 SV）。SV 是 EV 和 PV 在监测日期的差异。SV 计算公式如下：$SV=EV-PV$ 在出现 $SV>0$ 的情况时说明当前项目进度已比原计划有所提前；在出现 $SV<0$ 的情况时说明当前项目进度比原计划有所延迟了。在出现 $SV=0$ 的情况说明了实际进度与原计划进度相同，不存在偏差。

（3）进度绩效指数（以下简称 SPI），进度效率常用 SPI 来进行测量。计算公式为：

$$SPI = EV/PV$$

当出现 $SPI>1$ 的情况时，说明项目进度提前了；当出现 $SPI<1$ 的情况时，说明了项目进度滞后了；当出现 $SPI=1$ 的情况时，说明项目进度计划执行正常。

（4）成本绩效指数（以下简称 CPI），该指数是项目的预算成本与记录的实际花费总额之间的比值。计算公式为：

$$CPI = EV/AC$$

当出现 $CPI>1$ 的情况说明了项目实际成本还未达到预算成本，节省了项目成本；当出现 $CPI<1$ 的情况说明了项目超支已发生；当 $CPI=1$ 时，表明项目执行正常，项目成本与预算一致。

（二）成本控制工作

通常来说，信息系统项目成本预算越大，可以调节的空间和效果也越大。具体来说，项目成本控制包括以下工作：

（1）对造成成本基准变更的因素施加影响。

（2）确保所有的变更请求都合理并及时响应。

（3）当变更实际发生时，有效管理这些变更。
（4）确保成本支出在批准的资金限额内。
（5）监督成本绩效，找出并分析与成本基准间的偏差。
（6）对照资金支出情况，监督项目工作绩效。
（7）严格控制在成本支出中出现未经批准的变更。
（8）建立定期向有关干系人报告所有经批准的变更及其相关成本。
（9）如预期的成本超支，应控制在可接受的范围内。

（三）成本控制优化

1. 成本预算过程优化

成本预算的主要目标是将估算的总成本经合理调整后分配到每一个工作单元和工作包，以建立预算标准，并作为成本监测点的过程。

人力资源管理信息系统项目费用支出主要是人工成本、硬件设备采购费用、第三方软件采购费用，历史项目制定的预算主要存在以下问题：

（1）以往人力资源管理信息系统开发项目成本的预算主要考虑的购置软硬件的支出，而占项目成本主要部分人工费反而被列入财务管理范畴，未列入成本基准内。

（2）在人力资源管理信息系统开发预算中往往未考虑软硬件采购周期、调测周期，项目开发人员阶段性处于“空闲—赶工—空闲—赶工”状态，没有做好时间统筹，造成项目成本浪费。

（3）人力资源管理信息系统项目中如应用了新技术新方法，未充分考虑学习周期导致项目进度滞后的影响，未计入成本。

（4）人力资源管理信息系统项目开发中往往会涉及软件组件、构件、集成硬件的采购，而来自各类供应商的组件或者设备，尽管主体功能一致，但基于SDK或者动态链接库所支持编程语言、接口形式、运行环境、CPU架构也会存在较大差异，这会给开发人员新增了不确定的工作量，如链接库的重新交叉编译、重复的调试工作，而这些因素多会直接影响项目的开发成本。

针对在人力资源管理信息系统开发中成本管理通常存在的问题，采用的预算优化措施主要是加强多方沟通，评估工作单元内外依赖关系，采用会议、专家评估方法，充分论证项目关键路径关键工作的前置工作；加强多方沟通评估工作包的范围外依赖关系，就是要把项目进度计划的制定与成本管理工作紧密结合起来，就是要利用专家会议评估方法，充分识别出WBS分解结构中具有依赖关系的工作包，确定出为保证工作包顺利进行而必须开展的工作，将识别结果记录归并到WBS分解结构，然后评估该工作的工作持续时长并设定依赖关系。

2. 基于变更管理的成本控制

制定好相对精准的成本预算后，剩下的就是如何能够让项目的实际成本按照预算成本进行下去，按照前面提出的成本控制方法，从范围的变更管理进而达到对项目的成本管理。通过调整优化变更控制委员会的人员组成，进而使项目的需求变更审批能够达到更加科学合理，满足各方的要求，同时也达到对于项目成功控制的目的。

项目成本管理和范围、进度、质量有着直接的关系，如图 8-2 所示。根据“铁三角”的关系，要想节省成本，在质量保证不变的情况下必然要导致进度的落后，要保证进度那么就必然会导致质量的下降。在人力资源管理信息系统建设的过程中，为了能够控制成本，最好从范围管理着手，使项目按照项目启动时候设置的范围，尤其是做好范围管理中的需求变更管理，在成本储备允许的范围内做好项目的变更管理，以便达到成本管理的目的。

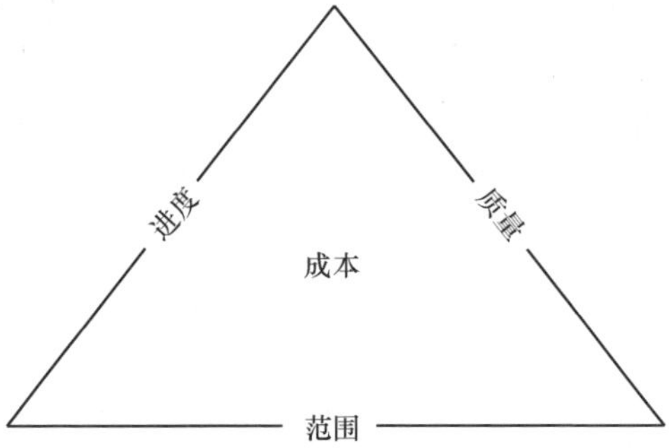

图 8-2 成本管理与范围、进度、质量的关系示意图

项目需求的变更往往是造成信息系统项目成本超支的最主要的原因。很多人力资源管理信息系统项目建设初期，需求不是很明确，这就为后续项目在成本和进度方面埋下巨大危险的伏笔。所以项目成本管理是对于人力资源管理信息系统建设甲方来说，在有限的成本控制手段中，变更管理是成本控制的关键。

因为人力资源管理信息系统项目建设思路的来源有时参考市场已有的，一般也会根据应用方的实际情况提出一些个性化的需求，这种需求往往并不精准。鉴于很多时候，在项目启动的时候，需求并不明确。因在项目建设中期，需求构思完成，但是又是一个新的需求，在保证质量的前提下，必然造成成本超支和进度延迟。

因此对于人力资源管理信息系统成本控制的关键是进行变更控制。根据信息系统项目管理的变更流程，结合项目的实际情况，优化人力资源管理信息系统项目的变更控制流程。将变更流的流程就简化为以下四步：

（1）提出与接受变更申请；

（2）项目变更控制委员会评审，以文档的形式保存；

（3）发出变更通知并开始实施；

（4）变更效果的评估。

其中，第（2）步变更控制委员会的评审，对于人力资源管理信息系统建设来说最为重要。因为变更控制委员会的评审结果直接导致这项变更是否需要变更，进而影响项目的成本。所以项目变更控制委员会的组成人员就显得尤为重要。

变更控制委员会的成员应该至少包括市委机构编制委员会办公室、市人力资源管理部门业务部门和信息部门的负责人和相关业务专家，项目的信息技术负责人、质量负责人、项目主管和相关技术专家等。由这些成员组成的项目变更控制委员会，具备对需求的难易程度和项目进度、成本影响的程度都能有比较准确的评价，可以对当前需求是否开发进行决策，及时做出变更，节省时间。在项目变更控制委员会批准变更申请后，实施变更，完成后，交付测试，人力资源管理信息系统按照质量管理方案，进行质量验证。这样就可以在一定程度上优化信息系统项目成本。

第九章　人力资源管理信息系统项目质量管理

质量是本。人力资源管理信息系统质量包括开发人员视角的源代码质量和应用人员视角的产品质量。这决定了在衡量项目质量时必需要同时关注项目管理质量和产品质量两个方面。在实践中，人力资源管理信息系统建设，不仅包括信息系统产品还包括必要的配套服务，两者是作为一个有机整体交付用户的。无论其中哪一部分不符合质量要求，都会给项目干系人或者用户带来消极后果，影响交付质量评价。因此，需要研究信息系统项目质量管理的一般方法，了解人力资源管理信息系统在质量管理中存在的问题，提出提高质量管理的具体措施。

一、信息系统项目质量管理综述

研究信息系统项目质量管理，需要研究信息系统质量的基本问题以及与信息系统项目质量管理的区别与联系。

（一）信息系统质量

信息系统质量，在不同研究者中有多种定义。杰拉尔德·温伯格（Gerald-Weinberg），认为质量对某人而言是一件事情。该定义强调质量本质上是一种个人主观感受。这就导致即使使用相同信息系统，不同的人对质量的看法也不尽相同。同时，信息系统质量在信息系统生命周期中的标准是变化的。例如，信息系统质量在生命周期开始阶段是作为用户质量需求而规定的，质量大多数是从用户的角度出发的，它与中间产品质量需求不同，后者大多是从内部和开发者的角度来看问题。然而，用户所描述的要求并不总是真实和客观反映该用户的实际需要，主要原因：（1）用户实际需求不甚清晰；（2）用户信息系统需求会随着内外部环境变化而发生变化；（3）不同的用户对需求的理解层次、深度和广度都各不相同；（4）信息系统运行流程与实际业务流程总会存在偏差，很难达到线上线下的一致。为更好解决以上问题，可将信息系统质量与用户需求联系起来，具体讲，信息系统质量是信息系统符合用户明确需求、满足合同明确的开发标准等程度。

（二）信息系统质量管理与信息系统项目质量管理

信息系统质量管理，是指对信息系统的获取、需求、开发、使用、评价、支持、维护等信息系统生命周期各环节进行的质量管理，从而尽可能地满足用户的实际需要。为了在信息系统生命周期各环节正确地管理质量，需要对质量要求和相关技术进行详细定义，通过评估各环节的信息系统质量来实现。信息系统质量的衡量可以通过测量内部质量，也可以通过测量外部质量，或者通过测量使用质量来评价。

它可以被开发者、使用者、质量管理人员甚至第三方测评机构，特别是那些对确定、评价和负责信息系统产品质量的相关人员所使用。信息系统质量之间的关系如图 9-1 所示，可以看出评价和改进信息系统生命周期中的过程质量是提高信息系统质量的一种手段，定期实施质量测度，运用管理手段控制软件内部质量、外部质量、使用质量是信息系统质量管理的有效方法之一。

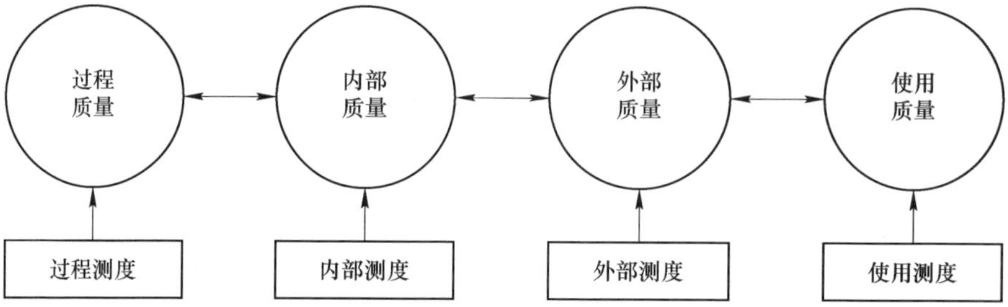

图 9-1　信息系统质量的衡量示意图

信息系统项目质量管理是信息系统项目管理的一项重要内容，也是决定信息系统项目成败的关键环节，贯穿于整个信息系统生命周期。它以信息系统项目为管理对象，对项目中的人员、产品、过程和项目本身进行分析、判断、决策、实施质量管理，主要活动包括制定信息系统质量计划、开展信息系统质量保证活动、实施信息系统质量控制、应用全面质量管理等。信息系统项目质量管理，通过对信息系统质量科学地评估与控制，规范形成信息系统项目质量管理工作机制，以提升信息系统项目质量管理工作效率，提高信息系统质量，以保证信息系统在成本和进度的多重约束下，更好地满足用户需求。

二、信息系统项目质量管理方法

通过实践探索，人们总结了一些行之有效的信息系统项目质量管理方法，对于提高信息系统项目质量管理工作质量效益，完成项目目标具有重要作用。

（一）信息系统质量计划

信息系统质量计划是选择适合项目的质量标准并制定如何达到这些标准的过程。需要根据用户质量需求识别出信息系统项目质量要求，从而描述信息系统项目达到质量要求的过程，通过细化信息系统生命周期各环节的软件内部质量、外部质量和使用质量，逐项适配相应的质量目标、产品描述、质量标准和规则等质量要求，最终形成详细的信息系统质量计划。这一计划，既可作为信息系统项目质量管理的目标、基准和软件验收标准，又转化为可执行的质量活动的过程，使信息系统项目质量管理变得科学可行。

信息系统项目质量计划的主要作用是，为质量管理提供指南和方向。具体过程可以分为输入、工具与技术、输出三个方面。信息系统项目质量计划输入输出示意图如图 9-2 所示。

输入	工具与技术	输出
• 项目制度 • 项目管理计划 • 项目文件 • 组织过程	• 数据收集 • 数据分析 • 决策 • 数据表现 • 测试	• 质量管理计划 • 质量测试指标 • 风险管理计划 • 项目管理计划更新 • 项目文件更新 • 分项统计

图 9-2　信息系统项目质量计划输入输出示意图

（二）信息系统质量保障

质量保障是审计质量要求和质量控制测量结果，是确保采用合理的质量标准和操作性定义的过程。过程的主要作用是，促进质量过程持续改进。信息系统质量保障，主要是对项目活动过程的监控，观察是否遵循了项目的政策、流程规范，依照过程改进计划来识别所需要的改进，发现没有价值的活动，再进一步识别问题并分析根本原因，然后制定对应的预防措施。

信息系统质量保障活动主要包括：

（1）识别所有正在实施的良好及最佳实践。

（2）识别所有违规做法、差距及不足。

（3）分享所在组织和/或者行业中类似项目的良好实践。

（4）积极、主动地提供协助，以改进过程的运行，从而帮助团队提高生产效率。

（5）强调每次审计都应对组织经验教训的积累做出贡献。

（6）确认可批准的变更实施情况。

（7）分析出现故障的根本原因，制定预防措施。

（8）审计质量标准等。

（三）信息系统质量控制

质量控制是指监测并记录执行质量活动的结果，从而评估绩效并建议必要变更的过程。质量标准既包括项目过程的质量标准，也包括项目产品的质量标准；项目成果既包括可交付成果，也包括项目管理成果，如成本管理结果、进度管理结果、绩效管理结果等。信息系统质量控制，通常由质量控制部门或者由项目主管指定相关部门来组织实施。通过信息系统质量控制可进一步识别造成过程低效或者产品质量低劣的原因，并采取措施来消除这些问题。

信息系统质量控制目的是确定项目是否符合相关的质量标准，以提高项目管理质量。信息系统质量控制通常贯穿于项目的始终。管理实践中，信息系统质量控制与信息系统质量保障共同使用，甚至会存在交叉，以共同促进项目管理质量。这两种方法既有区别也有联系，主要表现在以下几个方面：

（1）信息系统质量保障和信息系统质量控制均以质量管理计划为依据。

（2）信息系统质量保障和信息系统质量控制的共同目标都是为了确保项目的质量目标得以实现。

（3）信息系统质量保障的输出是信息系统质量控制的输入。信息系统质量保障所确定的质量标准、质量控制活动等，是信息系统质量控制执行的指导和依据。信息系统质量控制的结果又会促进后续信息系统质量保障标准、控制流程优化。

（4）质量审计是信息系统质量保障的核心活动之一，它确保各信息系统质量控制活动得以贯彻和执行。

（5）信息系统质量控制的结果也是质量审计的目标对象，通过对信息系统质量控制结果的审计，确保项目质量得到控制和改进。

（6）信息系统质量控制是对项目各项质量指标实现情况进行实时的跟踪、记录和评价，确保项目的各项质量指标得以实现。

三、人力资源管理信息系统项目质量管理存在的问题

人力资源管理信息系统项目管理，在运行维护、响应速度、软件安全等方面存在一定不足。

（一）运维处理周期长

运行维护为信息系统运行提供日常维护支持，运维活动主要包括软件监控、缺陷处理、数据修改、事件响应、备份和恢复等。人力资源管理信息系统试运行阶段的运行维护覆盖人力资源各个功能模块，主要包括岗位设置、人员信息、新进人员、岗位聘用、合同管理、考核管理、奖励管理、处分管理、申诉管理、职

称管理、教育培训管理、长期不在岗管理和编外人员管理等。运维内容主要包括系统的数据统计、错误数据处理、权限申请、系统缺陷问题处理及需求变更等。这些运维功能模块诸多，运维内容繁杂决定了运维处理周期相对较长，存在问题主要包括：一是运维处理率不符合运维工作要求，个别运维工作甚至已经变成跨年度超期运维；二是运维处理平均周期过长，大部分运维处理周期较长，甚至严重影响人力资源管理业务经办效率，用户满意度也随之降低。

（二）响应速度不达标

人力资源管理信息系统在试运行前，按照软件性能需求及质量计划，需要对单笔经办、单笔查询、批量经办、批量查询及最大批处理等功能模块的响应速度进行压力测试，各类功能响应时间应均验证达标。但通常随着试运行范围逐渐扩大，用户访问量将呈几何级增长，特别是事业单位人事业务往往时效性较强，处理时需要上下两级联动，经办量呈高聚集性和高并发性特征。反映到最终用户普遍反映软件响应慢，严重影响经办效率。为查找和确认问题，核实验收性能指标，可采用调查问卷形式进行质量检查。通过调查问卷，一般能反映出常用功能模块响应速度达标率低，同类不同功能模块的响应速度不均等性能问题。虽然在建设开发验收阶段会对软件的单笔业务经办、单笔业务查询、批量业务经办、批量业务查询等功能按照性能需求进行压力测试，并确认满足需求。但是往往也会出现调查问卷的结果却反映出软件响应时间不能完全满足业务经办需求，也未完全达到软件性能指标。

（三）软件安全存漏洞

人力资源管理信息系统不仅涉及项目发起单位人事管理业务经办数据，还可能涉及与上级单位和下属单位以及其他相关第三方系统的交互，所涉及的系统多，系统访问人员多，而且信息较为敏感，因此在系统设计时，必须高度重视软件安全体系，将用户管理、授权管理、系统接入管理、数据储存备份、环境安全监测、网络安全监测等功能模块纳入安全管理体系进行统一管理。可以看出安全管理体系对登录访问、数据传输和存储、物理环境、网络等方面进行了安全部署。但随着项目试运行不断推进，软件安全漏洞也会逐渐暴露，主要表现在：一是登录访问管理中，通过授予最大权限和最广范围数据资源实现针对多身份或者跨数据区用户的管理，此方法虽然操作简单，但当用户权限超过其应有权限时，无疑会增加单位和人的关键信息泄露的风险；二是物理安全管理中，使用市人力资源管理部门的专网服务器，并使用串联方式连接地区间服务器，对于人为破坏、通信干扰、篡改信号等问题的抗风险能力差，并且定位故障困难，严重时会导致整个地区系统瘫痪；三是数据安全管理中，在处理数据运维事件时，遇到需要回退或者变更错误数据时，软件工程师如采取直接修改后台数据方式处理，且没有数据备份的话极易导致软件基础数据逻辑错乱且无法恢复；四是网络安全管理中，自定义的安全管理规范参差不齐，网络安全设备型号各异，一旦发生网络攻击，安全管理水平较低的事业单位，会导致软件无法连续、可靠、正常地运行。

四、人力资源管理信息系统项目质量管理问题的改进

改进人力资源管理信息系统项目质量管理问题，首先需要分析问题存在的主要原因，再有的放矢，有针对性地加以解决。

（一）运维处理流程存在问题及改进

1. 运维处理流程存在问题

针对信息系统试运行阶段运维处理周期长的问题，从运维处理流程、各环节人员配备、运维管理平台业务量等角度综合分析，查找根本原因。运维处理流程的操作，具体说明如下：

（1）事件登记。系统功能或者数据等出现问题后，问题发现者需登录统一的运维管理平台，进行运维事件报告。

（2）事件初审。各相关部门信息管理人员初步核实本部门内运维事件情况，包括问题描述是否完整准确，问题类别选择是否得当，附件是否完整准确上传，内部审批手续是否履行等，确认没有问题之后，通过初审。

（3）事件复审。信息管理人员负责对通过初审的运维事件进行复审，工作包括：根据问题类型、问题描述等将运维事件分解下发至软件开发商运维工程师处并注明事件完成期限要求。

（4）事件处理。软件开发商运维工程师先根据问题类型确认运维事件的处理方式，一般可分为直接处理、修改代码或者报送审核等。处理完成后，将处理结果和完成情况反馈给运维事件登记人员，各级审核及管理人员也能同时看到事件处理进度和处理结果。上述运维处理流程职责分工明确，归口统一，但是实践中因为各区县初审完后，都会汇总到复审环节，这对复审的信息管理人员会集中比较大的工作压力。尤其是当各级运维量呈现聚集型暴增时，会因为人手不足延误事件复审，最终导致大量的运维事件积压在事件复审环节，使整个运维处理周期变长，复审环节已经比较严重的影响整体运维处理周期长度，所以适当增加复审人员，可大幅缩短整体周期，提高运维效率。

2. 运维处理流程改进优化

针对运维处理周期长的问题，运用流程分析方法，对现有运维流程中的事件

复审环节进行分层、分流优化，达到提高运维效率，缩短运维周期，解决事件复审环节瓶颈问题的目的。这一流程可以充分盘活信息审核资源，在一定程度上缓解事件复审环节的压力问题。按照减少事前审核，加强事中检查和事后监督的原则，对于各级事业单位登记的运维事件，由相关信息人员进行事件复审，按照事件类型进行处理。事件处理则可增加事件抽查环节，信息人员可以按比例对运维事件进行抽审，查看运维全流程处理情况，全面保证运维事件处理质量。为保障运维处理流程有效运转，需建立运行维护工作机制，确保各级运维事件审核口径一致、标准统一，做到同标准受理、无差别审核。

（二）系统性能质量计划短板及优化

1. 信息系统性能质量计划常见问题

出现系统响应速度不达标的问题，可通过分析验收测试内容、指标、测试预期结果、测试实际结果、测试手段等资料，并与实际软件试运行的情景进行对比，来查找验收测试使用的性能质量计划的问题。在信息系统性能质量计划中，仅粗略地将性能质量维度设置单一，如单笔即时办理业务响应时间、单笔查询生成时间、批量查询业务生成时间、单个批处理完成时间、最大批处理业务完成时间。人力资源管理信息系统的功能模块涉及多项，各功能模块处理数据量和实时并发量多少不一，如仅按上述指标进行压力测试，不考虑各功能模块的总发生量和实时并发量，则很难保证单个功能模块性能符合需求。所以，如果仅通过对功能模块的简单分类来验收信息系统性能质量不够具体清晰，不足以确认信息系统相关性能是否达标，则说明信息系统性能质量计划需要进一步细化。

2. 细化完善信息系统性能质量计划

为提高人力资源管理信息系统项目试运行阶段的质量，在进行软件性能优化时，对各业务模块的使用频次、用户情况、业务数据等指标进行综合评估，细化完善相关性能测试指标。一是细化完善使用频次指标。使用频次用于衡量系统资源使用情况，反映软件系统最底层的性能指标，对于系统资源规划具有指导作用，也是常用的性能度量值。二是细化完善用户情况指标。用户情况主要为访问用户数量、注册用户使用量、高风险模块使用量等。用户数量主要分析评估系统上线后的总用户数、平均每天在线用户数等情况，具体可分析：使用用户数量最多的功能模块和使用情况，用户类型和分布情况等。分析哪些功能模块用户在月底、季末或者年的使用频率和并发情况。高风险模块即使用户使用的比较少，但却是审计、督查、稽核、巡视、巡察等重点关注的。这些用户情况分析结果可作为软件性能质量计划指标，为实用场景中的用户量与性能指标设计提供可靠的参考依据。三是细化完善响应时间指标。响应时间是一个非常关键的度量值，它是最直接反映用户体验的指标，但同时也是最好测量的度量值，因为相较其他的度量值，它更容易发生变化。它受业务模块、经办时段和区域分布等环境影响，也会受服务器分布、负载均衡、数据库设计等因素影响。

（三）安全管理体系存在缺陷及完善

1. 安全管理体系存在缺陷

针对人力资源管理信息系统项目试运行阶段发现的软件安全漏洞问题，通常可以采取查阅软件安全管理相关材料、与各级人力资源管理部门和软件工程师座谈调研的方式，查找问题原因，通常安全管理体系存在缺陷是出现安全漏洞的主要原因，主要表现在以下几个方面：

（1）安全管理机构职能弱化。设计软件安全管理体系时，需成立安全管理机构，并要求配备相应的安全管理员。但实践中，管理员往往多为兼职，工作繁忙时，对授权访问等基础的软件安全管理工作重视度不够。特别是在授予多身份多数据资源访问权限时，为图快速、方便，缺少对拟授予权限的全方位评估审核。在授予权限后，也没有定期对已授予权限操作日志进行检查审计，这会导致用户权限过大、关键信息泄露等软件安全问题。

（2）人员安全教育和培训不足。人力资源管理部门内部安全管理员对软件安全管理的认识不统一，对于专业性的安全技术更是缺少深度掌握，在接入专网设备时，为图方便快捷，往往采取最简单直接串联方式，但串联本身存在先天性缺陷，不宜在专网中应用。同时，如果软件工程师能够直接在后台修改数据，具有数据新增、删除、修改、查阅的权限，且人员数据安全意识不足，在处理错误时，一旦直接进行了修改，无修改记录且无法回退，存在篡改数据的巨大软件安全风险。

（3）安全管理规范考虑不充分。人力资源管理部门由于经费、基础设施、办公环境等不同，一般会根据自身实际情况设计本地化的安全管理规范，但是由于安全管理规范仅考虑总体层面的安全管理问题，未具体要求人力资源管理部门和信息管理部门对安全管理规范内容进行分级分类，所以下级的人力资源管理部门的执行情况优劣不一，这就需要从顶层设计上健全安全管理规范内容。

2. 安全管理体系优化完善

为了减少人力资源管理信息系统项目试运行阶段软件安全漏洞，保障系统安全稳定运行，需要完善的软件安全管理体系，以实现集中控制、分级管理的目标。具体措施如下：

（1）强化软件安全管理机构职能。为实现统一领导和分级管理的原则，实行“一把手”责任制必须设立专门的安全管理机构，配备具备专业技术能力的专职安全管理人员。根据国家的有关软件安全的法律法规，承担所属部门各项安全管理工作，具体为：一是拟定并组织实施所属人力资源管理部门软件安全管理的各项规章制度；二是监督、指导所属人力资源管理部门软件安全保护工作，定期组织检查软件安全运行情况，及时排除各种安全隐患；三是贯彻国家软件安全部门规章制度，组织落实安全技术措施，保障软件运行安全；四是组织宣传软件安全方面的法律、法规和有关政策，开展软件安全培训和教育；五是负责联系和协调所属人力资源管理部门软件安全工作。

（2）增加软件安全教育和培训。软件安全工作重在预防，增强全员安全意识。不仅需要对专业的软件工程师和安全管理员进行定期安全技术培训，还需要加强对软件使用者，事业单位业务经办人员安全知识的普及。通过对经办人员的不断教育和培训，提高其软件安全和防范意识，确保软件使用安全，可以针对不同的培训对象制定相应的教育培训计划及培训方式。

（3）细化软件安全管理规范。安全管理规范是保证软件安全运行的基础，需要通过一系列规章制度的实施，来确保各类人员按照规定的职责行事，做到各司其职、各负其责，避免责任事故的发生和防止恶意的入侵。以下安全管理规范是各人力资源管理部门必须遵照执行的内容：一是加强日常操作管理，在安全事件的分析主要集中在安全管理员，因此要对安全管理员的工作职责进行规定，规范软件安装、调试、维护、卸载权限和流程，及时发现软件漏洞后的分析、记录和汇报，制定完善信息系统安全突发事件紧急处理、报告程序；二是加强安全策略配置管理，根据项目发起单位网络信息基础设施情况和资金情况，制定符合本单位要求的安全策略，并配置相应的人员和设备；加强数据备份管理，按日进行数据备份，同时要通过技术手段提高遭破坏后的数据恢复速度，确保备份数据的安全可靠；四是加强攻击事件预警管理，明确规范安全事件报警形式，明确预警结果传送渠道，缩短预警结果的处理相应时间；加强日志管理，规范日志生成、统计分析、重要情况通报等运行机制。

对人力资源管理信息系统项目试运行阶段的安全管理体系进行完善，可以保障信息系统平稳可靠运行，是提高信息系统质量的关键措施。结合人事业务频繁、人员信息敏感的特点，需要不断对信息系统安全管理体系进行完善。可采用PDCA 循环改善模型，通过制定安全管理体系，执行安全管理体系，检查软件安全问题，处理软件安全管理问题等方式不断循环、迭代、完善。通过代表阶段意义的时间轴，可见每次完善都使软件整体质量上升一个台阶，完善过程如图 9-3 所示。

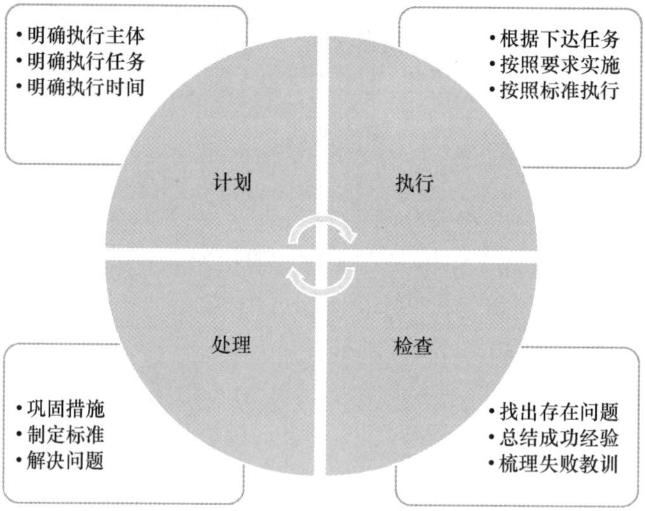

图 9-3　信息系统项目安全管理 PDCA 循环示意图

第十章　人力资源管理信息系统项目人力资源管理

人是决定项目管理成功与否的关键因素。人力资源管理信息系统项目的人力资源管理是指在充分分析信息系统项目的目标、规划和进度及其他相关因素的基础上，通过协调、控制和管理等手段来有效统筹、安排、协调项目过程中的各方人员，使得项目主管能够充分、高效和挖掘项目相关人员潜力，实现最大能动推动项目顺利实施的过程。简言之，就是信息系统管理中的调兵遣将，主要包括制定项目人力资源规划、成立项目团队、建设项目团队，以及对项目团队进行管理等。

一、信息系统项目人力资源管理综述

信息系统项目中的所有活动，归根到底都是由人来完成的，人是决定项目成败的关键因素。研究信息系统项目人力资源管理，需要科学选取研究方法，准确把握特征要求。

（一）信息系统项目人力资源管理含义

信息系统项目人力资源管理是指项目主管对项目团队进行的一系列科学的计划、适当的培训、合理的配置、准确的评估和有效的激励等管理工作。信息系统项目人力资源管理的目的在于充分发挥项目团队成员的主观能动性，使项目团队成员各尽所能，从而保证项目目标的顺利完成。

（二）信息系统项目人力资源管理特点

信息系统项目人力资源管理通常具有团队合作性、项目聚合性和阶段渐进性。信息系统项目人力资源管理特点示意如图 10-1 所示。

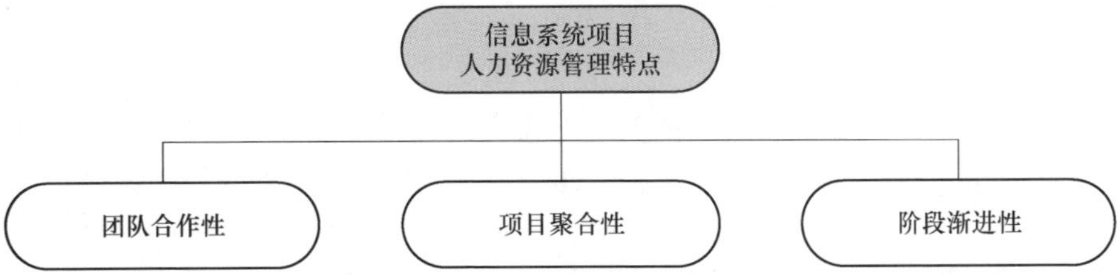

图 10-1　信息系统项目人力资源管理特点示意图

团队合作性：信息系统项目工作，以团队作业的方式展开，只有项目团队成员团结合作、协调一致、形成合力，才能保证在规定的时间、以较低的成本、高效地完成项目目标。因此，信息系统项目人力资源管理具有团队合作性。

项目聚合性：项目的成立，聚合了项目团队成员，项目结束，项目团队成员亦会解散。换言之，项目团队的组建具有临时性，项目人力资源管理具有聚合性。

阶段渐进性：项目所处的生命期不同，其需要的人力资源数量和类别都会不同，项目前期更加需要项目需求管理人员，项目实施中更加需要系统开发人员，项目后期更加需要运行维护人员。这些不同类别人员，不是一次性地增加或是减少，而是根据项目进展，逐步加入或者退出的。

（三）信息系统项目人力资源管理要求

人力资源管理信息系统项目与其他信息系统项目，最大的不同在于人力资源管理不直接服务于增加商业利润，它服务于项目发起单位的人力资源管理需求。因为，人力资源管理业务的复杂性、发展性、多元性的特征，决定了人力资源管理信息系统项目通常周期长、投资大，决定了实施项目人力资源管理要求需要更加注重发挥人力资源管理部门优势，更加需要强化项目主管权限，更加需要加强项目团队内部合作与外部协作。

（1）注重发挥人力资源管理部门优势。人力资源管理部门是用户方，具有天然人力资源管理优势，应当更多参与或是主导项目的人力资源管理。

（2）强化项目主管权限。强化项目主管对项目团队成员选择的最终决定权、项目执行过程中的决策权和对项目资源具体使用和分配权，确保项目主管能够高效管理团队。

（3）加强项目团队内部合作与外部协作。项目主管在加强项目团队内部合作的同时，需要加强与相关单位、个人的外部协作，必要时签订合同，确保高效执行。

二、信息系统项目人力资源管理过程

信息系统项目人力资源管理过程主要包括制定人力资源规划、组建项目核心团队、项目团队管理等。

（一）制定人力资源规划

制定人力资源分配管理计划，首先要明确项目任务，明确对各个部门和人员的责任及分工，明确相关方之间的关系。通常来说，配置计划是信息系统项目人力资源管理的第一个阶段，具体来说它主要包括以下几个内容：角色记录，责任记录，项目组织结构图，安排人员聘用，安排人员进入和离开时间，还要在这个过程当中不定期审查，以便及时发现不足并进行改进，确保规划能够在后续中得以持续性适用。制定人力资源规划输入输出示意如图 10-2 所示。

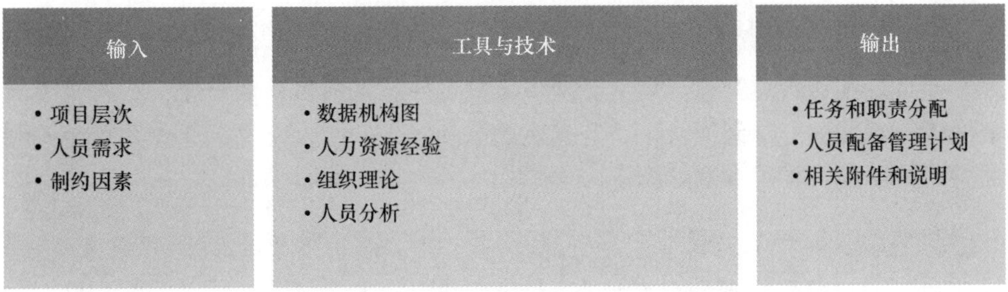

图 10-2　制定人力资源规划输入输出示意图

1. 输入

（1）项目层次通常有三个方面，组织层面、人际层面、技术层面，用以确定各自层面中项目单位、个人及技术规程之间正式或者非正式的报告关系。

（2）人员需求是在项目不同周期，界定了不同岗位对人员和项目团队要求具备什么样的能力和技能。

（3）制约因素囊括了执行组织的组织结构、集体协商条款、项目管理小组的偏爱、预期的人员分配等，是限制项目小组选择自由的因素。

2. 工具与技术

（1）样板法是指从类似的项目中寻找任务职责的定义和报告关系，并应用到当前项目里，使得组织规划程序能够顺利运转。

（2）参考过去其他的相关项目，在项目组织政策、规章制度及流程方面提供咨询帮助，使现行项目的组织规划得以顺利实施。

（3）在实践中运用组织理论，以便满足项目需要。

（4）分析项目关系人，权衡利弊，保证他们的要求能得到满足。

3. 输出

项目任务和职责需要由合适人员承担，这就是选择分配，同时与项目的范围界定密切相关，根据项目不同的阶段随时调整，通常采用职责分配矩阵模型操作。

人员管理计划用以描述项目成员加入、离开团队的时间和方式，计划可以是简要的也可以是详细的，正式或者非正式都可。

组织表是用图表形式展示项目报告关系，同样也还是可简要可详细，正式或者非正式都可。

组织的影响力、职务说明、培训要求等也都应该纳入组织规划的详细说明当中，根据应用领域和项目大小的差异而有所改变。

（二）组建项目核心团队

制定好项目人力资源规划后，接下来的工作就是项目团队组建，将符合要求的个人或者团队分配到项目中，并确定团队和个人的配合以及从属关系。组建项目核心团队输入输出示意如图 10-3 所示。

图 10-3　组建项目核心团队输入输出示意图

1. 输入

（1）人员配置管理计划是组建项目团队的基础。

（2）在进行人员分配的时候，要充分考虑人员的基本情况、技能经验、爱好特长等各方面素质。

（3）对既往的、类似于本项目的经验可以继承与吸收。

2. 工具与技术

沟通协商是进行人员分配的重要方式，预分配则是对一些特定人员和已在安排列表人员的预先分配，当项目成员数量不够或者现有人员无法满足需要时，则可以通过招聘获得。

3. 输出

根据项目的需求和人员情况，将所有人员都分配到位，项目团队名单也就正式确定下来，可开展进一步的工作了。

（三）建设项目团队

建设项目团队既是为了提高作为个体的项目人员的贡献力，也是为了提高项目团队的贡献力。团队的发展是项目达到预期目标的关键，而个人能力的提升则是团队发展的基础。建设项目团队输入输出示意如图 10-4 所示。

输入	工具与技术	输出
• 项目人员配置 • 项目管理计划 • 人员配置管理计划 • 外部环境反馈	• 团队建设活动 • 奖励表彰体系 • 人员教育培训	• 绩效报告 • 绩效评价

图 10-4　建设项目团队输入输出示意图

1. 输入

输入项包括体现项目人员配置的各项要求的项目人员配置，详细说明项目团队的工作内容的项目管理计划，项目团队要定期对照预期绩效开展团队自检，进行绩效检查。

2. 工具与技术

专门的管理活动和塑造个人行动来提高团队绩效的过程就是团队建设活动；制定奖罚体系，鼓励或者处罚与项目需求相符和不相符的行为；通过合理、科学的人员安排，促进团队在项目实施过程中的团结协作，通过人员培训，提升成员的能力和知识技术。

3. 输出

绩效报告是对项目执行计划情况的客观反馈，绩效评定情况是对执行效果优劣程度的评价，以便于对未来的改进、修正提供依据。

（四）管理项目团队

管理项目团队输入输出示意如图 10-5 所示。

输入	工具与技术	输出
• 项目管理计划 • 绩效评价 • 绩效报告 • 组织过程资产	• 沟通交流 • 绩效优化 • 冲突管理	• 绩效提升 • 项目管理计划更新 • 组织过程资产更新

图 10-5　管理项目团队输入输出示意图

1. 输入

运用绩效评价方案和量化指标对项目组织及其成员绩效水平进行评定。组织过程资产可以反映项目实施过程中的学习情况。这些都是管理项目团队过程的输入。

2. 工具与技巧

要更准确更全面掌握项目实施过程中每个成员的工作情况，非常重要的手段就是进行有效的沟通和交流，结合实际情况，可采用适合的形式。绩效优化是指在绩效评价的基础上，调整角色与职责，以到达团队效能最大化；项目实施过程中各种冲突很难避免，需要管理者能准确识别冲突的性质，并采取相应的策略，进行冲突管理。

3. 输出

团队管理的主要成果是提高项目绩效以及产生新的组织过程资产。也会产生对项目人力资源配置计划提出的调整的变更请求，同时，根据前期管理实施效果，项目组也会不断更新项目管理计划。

三、人力资源管理信息系统项目人力资源管理存在的问题

人力资源管理信息系统项目，受制于技术力量、人员编制和经济成本等因素，人力资源团队的组建及管理过程较为复杂，主要有以下方面的问题。

（一）组织管理缺失技术人才不足

开发人力资源管理信息系统目的是将人事管理工作信息化、智能化，建设主体通常是人力资源管理部门而不是技术部门。信息系统是对业务流程的固化，系统应用的人力资源管理部门领导通常是首要责任人。但在项目实施过程中，主要驱动方是软件开发商，业务部门如没有做到常态化介入项目建设全过程，业务需求与信息技术融合不充分，就会导致项目建设生命周期中的人力资源管理水平不高，绩效管理、运维管理明显不足。从信息技术人才方面看，项目建设的关键专业信息人才均为软件公司的技术人员，不具备行政管理职能，而作为推进项目的主要力量，市一级人力资源社会保障部门信息部门的专职信息技术工作人员数量和专业水平也相对有限。通常会面临如下困境：一方面项目组成员内部缺乏政务专业人才，另一方面人力资源社会保障部门信息专业人才严重不足。特别是项目管理团队，要求既要掌握电子信息技术又要了解政府机构的运作以及政务管理模式，才能胜任指导和推进项目建设，但现实情况往往管理者都身兼数职，缺乏这

种复合型人才的全面素质。

（二）协同机制欠缺人员配合不畅

当前的信息系统建设项目，通常都需要项目小组之间的高度协同、资源共享，但往往因为协同配合机制缺乏和部门利益的影响，部门之间配合不畅的问题就会凸显。一是信息系统建设开发商和经办部门配合不畅、执行力不够。系统数据接入涉及编办及社保等部门，跨部门的协作沟通缺乏常态化协同机制，各自为政的业务系统的数据较难实现互联互通；二是本级和下级单位人力资源管理部门贯通不畅，项目各方人员沟通不畅，数据的向上集中和相互信息共享较困难；三是项目建设单位人力资源管理部门和开发商内部的项目组联系不足、配合不畅，会导致对业务科室提出的系统功能诉求响应不及时，执行力不够。

（三）绩效考核分散激励措施不够

人力资源管理信息系统项目团队由项目发起单位人力资源管理部门相关工作人员、开发公司项目成员，以及项目发起单位信息部门等工作人员组成，受人员隶属关系、薪金制度、晋升管理和行业标准的影响和制约，同一项目成员的绩效各管一摊，是否完成项目阶段任务，对于项目发起单位相关成员影响不大，一定程度上制约了项目人力资源的持续利用和项目的高效运营。

四、人力资源管理信息系统项目人力资源管理问题的改进

为有针对性地改进项目人力资源管理存在问题，可重点采取健全项目管理组织体系、集聚各领域各层次人才、建设高效能的项目团队、进行项目绩效考核、归正绩效考核正向激励四项措施。

（一）健全项目管理组织体系

信息系统人力资源管理的根本是建立起业务能力与信息技术兼备的高素质人才队伍。一般而言，完善的信息系统项目团队主要包括系统工作领导小组、信息部门以及合作单位构成，运行成熟的项目管理组织需要项目成员团结协作、各司其职、互补增效。只有构建好合理、完善、科学的项目管理组织体系，才能保障项目建设的顺利实施。

人力资源管理信息系统项目，作为管理人员的重要信息系统，其设立应由项目发起单位主要领导亲自挂帅，成立领导小组，下设协调联络组、技术研发组、物资采购组和第三方服务团队，统筹部署，协同推进。其中，协调联络组主要由项目发起单位人力资源管理部门工作人员组成，主要任务是要做好系统的协调以及相关情况的汇总工作，与相关信息部门沟通联络，制定相关规范性制度文件，

组织业务培训工作等；技术研发组主要由信息部门、开发公司组成，主要负责编制项目可行性研究报告，组织信息系统研发，编写数据交换标准和技术规范等；物资采购组主要由项目发起单位政采办牵头组织，主要负责信息系统所需设备、物资和相关基础设施的采购招标；第三方服务团队主要负责参与系统测试，试运行体验，提出完善系统功能的意见建议。

（二）集聚各领域各层次人才

人才是信息系统项目人力资源管理的核心，为更好完成项目任务，需要尽可能地多途径组织项目成员、建立合理的项目角色能力模型。

1. 多途径组织项目成员

人力资源管理信息系统项目涉及信息化建设、人事管理处、编办、财政等相关部门，专业性、技术性、保密性要求都很高，需要多措并举组织满足项目建设需要的人才。一是设置专职人员，在项目规划、实施和第一周期运维期间，可以责成信息化建设办公室和市人力资源管理部门的骨干人员，专门专司负责跟踪项目进度，直到项目正常上线和运营。二是聘请第三方服务人员，为实现项目建设目标以及业务需要，弥补项目发起单位内部信息技术专业人才不足，可以采取购买第三方服务的方式，委托具有专业资质软件开发商，开展咨询监理、开发集成和软件测评等工作，用以保证项目的质量。

2. 建立合理的项目角色能力模型

人力资源社会保障部门内部具备信息技术的工作人员相对较为缺乏，同时掌握信息技术又熟悉人事办理业务和工作规程的综合型人才更是少之又少，也缺乏具备项目信息系统建设经验的人员，这势必会造成项目选才困难。因此要实现项目人力资源开发和管理的科学性，需要在立项初期，正式组建团队之前，先行建立不同岗位角色的能力模型，以帮助挑选适合本项目的人员，为充实人力资源储备、合理配置人才提供科学画像。以项目主管为例，项目主管是负责项目管理的第一责任人，其工作职能主要包括做好项目全程管理工作，推动资源科学配置，开展团队建设，合理控制项目进度，把控项目成本和风险，对合同履行情况进行跟踪监督，督导系统上线运行。针对项目主管的主要工作，可以从专业知识、领导力、执行力、组织能力、沟通能力、协调能力，以及学习能力、熟悉相关政策程度和人脉资源等方面，建立能力模型，形成具体画像。

（三）建设高效能的项目团队

团队建设是信息系统项目管理中的一项重要任务，目的是通过营造融洽、和谐、团结的团队氛围，让项目成员获得归属感，建立主人翁意识，渴望在项目团队中实现自我价值，为项目的顺利实施和完成提供保障。随着人力资源管理信息系统建设项目中的项目岗位角色和分工更加细化，是无法依靠个别成员的工作去实现复合的项目建设任务的，即使是这些成员具有很高的技能水平和很强的职业精神，我们也要秉持科学的态度，尊重事物的客观规律。项目的成功，依靠的不是“单兵作战”而是“集体协作”，这就需要具备责任感以及认同感的团队，积极的分工协作，通过良性的交流以及正向沟通促进团队目标得到实现。

1. 加强项目团队的文化建设

在人力资源管理信息系统项目管理中，团队文化建设主要包括责任感、协同精神和服务意识。责任感是团队文化的重要要素之一，个人自身的责任感会推动其积极主动投入工作，愿意参与项目沟通和协作，为实现共同目标而努力。个人的精力和技能往往有限，项目角色和岗位的分工已是必然，这也就决定了项目任务需要各方人员共同协作完成，团结协作必不可少。通过协作，建立互相尊重、互相认可、互取所长、共同进步的良性关系，使整个团队得以成长和壮大。团队建设的核心内容是服务意识，树立了为他人服务、为团队服务、为目标服务的意识，在服务的过程中提高业务水平和知识技能，同时获得成就感和认同感。一个团队中，成员之间互相协作、互相尊重、互相服务的文化氛围越浓厚，整个团队就越有朝气，越有执行力和战斗力。

2. 激发项目成员工作积极性和工作热情

项目成员是项目成功与否的关键因素。如何保持整个团队饱满激昂的工作状态，对工作始终保持热情，是项目主管面临的一个重要任务和课题，激发项目成员的工作积极性一般可以通过以下途径：一是注重个人能力的培养和提高，项目运作过程中，通常作为项目成员本人都有提升个人能力的愿望，也愿意投入学习热情，在此基础上，给项目成员充分的信任，给其安排具有挑战性工作，让优秀成员在挑战自我不断成长的过程中，激发探索新知识和新技术的热情，为项目队伍的建设做出贡献，也为其他成员树立榜样。二是多加运用正向激励手段，项目主管要及时、充分的对项目成员在项目中取得的阶段性成绩和贡献给予肯定，肯定的形式可以是精神上的也可以是物质上的。三是要善于倾听和接纳不同意见，对每个项目成员提出利于项目开展的意见和建议，博采众长，有利于协调与成员间的关系，对持续改进和优化项目和团队工作具有重要影响。四是要关注项目成员个人的需求，要立足实际，针对不同情况，尽可能帮助成员解决在工作和生活上的实际困难，畅通优秀项目成员上升通道，将项目成员个人需求尽可能地与项目需求结合起来，相统一，相协调。

3. 开展多类型多层次的培训

人力资源管理信息系统项目团队成员通常来自不同业务部门，不同职位以及不同岗位，在信息系统建设的过程中，承担着不同责任，不同情况的成员有着对培训不同的需求，在集约培训的基础上，重视团队成员个性化培训需求。人力资源管理信息系统项目团队中人员，通常可以区分几种类型，一是负责项目推进的决策和管理人员、负责信息系统开发建设的专职专业技术人员、使用信息系统的业务人员及其他人员。要对以上人员类型，进行针对性地分析，因材施教，区分层次和类型组织培训。培训通常采取线上理论培训、现场互动培训和专题辅导等。线上理论培训，通常解决共性的理论认知问题，以提升团队成员整体信息素养业务能力为目标；现场互动培训，主要是针对实际操作的相关技术问题，通过面对面的理论传授、现场演示、互动教学，以提升团队成员实际操作技能为目标；专题辅导，通常针对高层次管理人员，对相关政策、标准和技术发展专题进行授课，以提升团队管理人员管理能力和政策把控能力为目标。

（四）归正绩效考核正确导向

通过建立项目团队相匹配的绩效考核方案，设置可量化的、统一合理的考核指标，实现对项目团队个人和集体的科学考核和正向激励。尽可能地使用正向激励，而不是采取处罚的负向激励。在实施绩效考核时，需要系统建立绩效考核指标、科学选取绩效考核方法、强化绩效考评结果应用。

1. 系统建立绩效考核指标

绩效考核主要是针对系统服务，资源的应用以及管理保障等方面的进展情况进行评价，服务和应用绩效评价包含信息化应用深度、公共服务覆盖、信息资源共享等情况；管理和保障绩效评价主要是指基础设施、网络信息安全、信息素养能力建设、法规标准建设等情况。

2. 科学选取绩效考核方法

一般采取自评、日常监测和综合评议相结合的方法，实现对整体的绩效评价。自查自评，根据项目分工和人员职责，照统一标准，各个项目成员小组开展自查和自我评分，对照绩效考核要点和指标，梳理和总结各自工作。日常测评，信息部门组织系统应用人员，进行系统试用，然后开展满意度调查，对项目系统后台的各项统计数据指标进行分析，对系统运用和服务效果进行的在线监测。综合评议，汇总各项目小组的测评指标和自评报告，提交到项目领导小组。项目领导小组对汇总的考评情况进行审阅，也可以通过抽查的形式，抽取一两个小组进行现场考察，通过联合评审对考核中的重难点和疑点进行讨论评审，促进形成考评得分以及意见。最后，综合各方面意见确定个人和各职能小组的综合得分，以项目小组为单位进行集体嘉奖，对个人进行个人奖励。

3. 强化绩效考评结果应用

结果应用是绩效考评的落脚点，通常采取修正改进、精神奖励、物质奖励的方式进行。一是修正改进。绩效考核不是为了考核而考核，而是希望借助考核这种手段来改进工作，因此修正和改进往往也伴随着绩效考核全过程。根据在绩效考核中发现的问题，要重视结果的及时反馈，分析小组的绩效考核结果，提出整改意见，以便各项目小组总结经验和不足，促进进一步项目建设工作的改进。以综合评价报告和绩效反馈意见为整改依据，不断优化完善提高本项目管理水平和绩效应用效果。二是精神奖励。项目领导小组要依据考核情况，根据相关规定做好绩效考评结果的表彰奖励工作。对项目小组进行集体表彰，对先进个人进行个人表彰。事业单位信息系统的使用人大部分也都是政府部门和事业单位的相关工作人员，精神激励对他们往往更有效。相关领导向获奖者颁发锦旗、荣誉证书或者奖状。贡献特别突出的上报上级主管单位，推荐为先进集体和先进个人。三是物质奖励。一般来说，年度考核通常都与年度绩效奖金分配相挂钩，合理使用财政经费，对年度考核突出的集体和个人在核定绩效奖金时给予政策上的倾斜，对先进集体和个人核增绩效奖金额度。

第十一章　人力资源管理信息系统项目沟通管理

沟通是信息交流的基本方式。沟通管理是人力资源管理信息系统项目管理中非常重要的一个环节，积极有效的沟通能够把信息精确的传递至干系人，使其对信息中包含的内容充分准确的理解和认识，并转化在项目管理之中，减少不必要的管理障碍。沟通管理对项目顺利开展具有非常关键的影响作用，其管理成效也决定了信息系统项目的管理成效。

一、信息系统项目沟通管理综述

信息的产生、发布、收集、传递、接收、反馈等环节，贯穿于项目沟通管理的整个过程。项目中的沟通管理不等于我们日常工作生活中的人际沟通，它是一种综合运用多种方法手段获得良性沟通成效的管理艺术，是项目成功运行、提高效率的重要保障。在沟通管理过程中，需要建立信息发送、信息接收、信息反馈和被接收的闭合环路，通常称之为沟通渠道。沟通渠道畅通，信息才能发挥应用价值，促进项目的顺利实施。人力资源管理信息系统项目沟通渠道示意如图 11-1 所示。

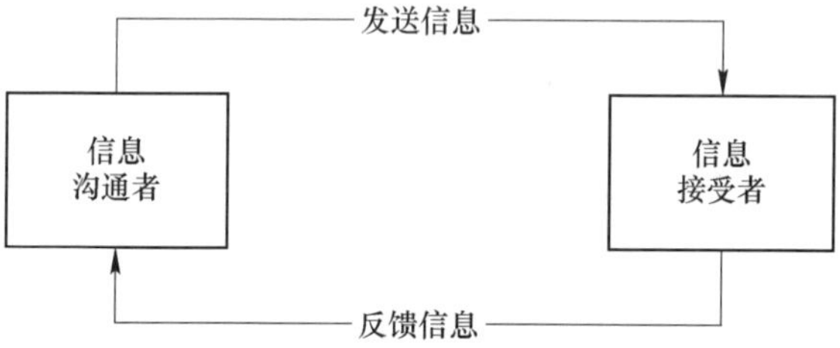

图 11-1　人力资源管理信息系统项目沟通渠道示意图

（一）信息系统项目沟通管理含义

项目沟通管理是指为了项目信息的合理收集、发送和反馈，对项目信息的具体内容、传递方式和过程等所进行的全面管理活动。在信息系统项目管理中，沟通管理是其他各方面管理的纽带，贯通着项目团队内部之间、项目团队与项目发起单位之间、项目团队与供应商之间等各个沟通渠道。项目团队与客户的沟通，保证了项目团队能够得到最大程度的支持；项目团队与供应商之间的沟通，使得项目团队和供应商之间保持着良好的关系；项目团队内部的有效沟通，使得项目团队成员保持高昂的士气；所有这些沟通将贯穿着项目生命期的始终。

项目沟通管理工作过程主要包括项目干系人识别、项目沟通规划、项目信息发布、项目干系人期望管理和项目绩效报告五个方面。一是项目干系人识别，是指对受项目影响的所有个人或组织进行辨识，并且将其相关利益情况、参与项目情况及对项目的影响等相关信息进行整理归档的过程。二是项目沟通规划，是指针对项目干系人的沟通需求进行分析，从而确定信息的发起者、接受者、传递时机、传递内容和方式等的过程。三是项目信息发布，是指将项目干系人所需要的项目信息及时传递的过程。四是项目干系人期望管理，是指项目主管为满足项目干系人需求，以解决相关问题为目的，对增进与干系人之间的沟通和合作过程所进行的管理活动。五是项目绩效报告，是指收集整理所有绩效信息，并向干系人提供绩效信息的过程。

项目干系人是项目中沟通的重点对象，信息沟通也应当围绕项目干系人展开。在与项目干系人进行沟通时，应当充分考量不同干系人所需求的差异性，需要采取特定有效的办法对这些信息需求差异进行分析、辨识。只有在确定了信息沟通的主要对象、信息需求的基本差异之后，才可能实施有效的沟通管理。

（二）信息系统项目沟通管理特征

信息系统项目沟通管理，呈现复杂性、系统性和独特性特征。信息系统项目沟通管理示意如图 11-2 所示。

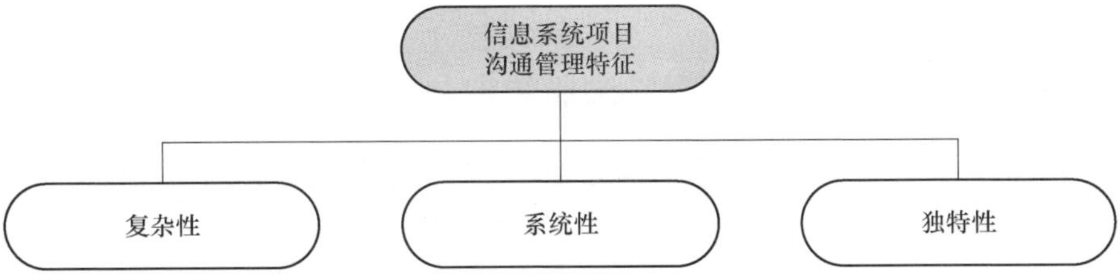

图 11-2　信息系统项目沟通管理示意图

1. 复杂性

项目包含复杂的功能、复杂的流程、复杂的关联。如何化繁为简，将复杂的功能、复杂的流程、复杂的关联转化为标准化、可执行的项目任务、编成语言，就需要充分有效的项目沟通管理。信息系统项目建设对内往往涉及多个职能部门，部门之间具有非常紧密的关系，对外也与合作伙伴以及客户之间存在非常紧密的关系。同时，很多信息系统项目都具有专门的技术研发和管理团队。对于跨地区的大型信息系统项目而言，其工作团队还具有不确定、临时性等特征，因此，需要对不同区域、职能单元、客户等相关主体关系进行有效沟通，以保证项目持续推进。这些沟通环节、沟通层级、沟通内容，决定了沟通管理的复杂性。

2. 系统性

信息系统项目沟通管理是系统性的沟通管理，属于一个比较复杂的机制。它不是点对点、单一的，或是单向的沟通，而是整体的、关联的、多向的沟通。只有系统性的沟通，才能形成立体、具体的项目管理范围，才能使项目主管从顶层上管理和推进项目建设。项目管理中包含的内容比较多，主体也很多，沟通对象既包括项目发起单位、承建单位、合作对象、供应商等，还包括信息系统实际使用的相关业务人员。但是，这些管理内容、管理主体都有一个共同的目标，就是确保项目的顺利完成。基于共同的目的，项目沟通管理需要从全局出发，采取科学的方法，结合信息系统建设的具体情况，对项目实施系统性的沟通管理。

3. 独特性

信息系统是服务于特定单位、特定用户的，具有独特的业务流程、独特的系统功能、独特的信息处理。这也决定了项目沟通管理具有独特性。需要针对特定单位、特定用户、特定业务流程和特定系统功能，采取针对性的沟通。找准信息的质的区别，这些区别于其他信息系统的沟通信息，往往是这一信息系统的特有功能和特有业务，绝不可大而化之。独特性，是相对而言的。在沟通管理中，还要考虑项目发起单位的战略目标、现有条件和行业约束。唯此，才能在共性信息中找准个性信息的独特价值。

二、人力资源管理信息系统沟通管理存在的问题

当前，人力资源管理信息系统沟通管理存在的主要问题包括需求调研不够充分、沟通计划不够完善、沟通方式不够有效等。

（一）需求调研不够充分

在建设信息系统项目的过程中，往往以利益方为主体，对实际需求进行规划，往往会缺乏对具体基层人员和需求分析人员的关注，忽视他们的需求，这就可能导致出现不配合调研的情况，也会给项目本身带来负面影响。在人力资源管理信息系统项目开发过程中，存在跨行跨部门的合作，如果相关部门人员与开发人员没有对功能、需求进行相应的充分沟通，甚至对于多数以上的具体业务经办部门人员而言，并没有将自己在实践中的需求与信息系统项目进行很好地结合，因而在具体的工作过程中会出现无法配合、不积极配合的情况，最终难以得到精

准、明确的需求调研成果。这种情况就使项目需求分析产生了诸多的隐患。所以，项目需求沟通人员是非常重要的环节，作为项目参与者，一定要调整好自身心态，深度参与项目的需求分析调研。

（二）沟通计划不够完善

在信息系统项目管理过程中，沟通作为管理主要内容，往往与参与人员实际了解程度存在直接关联。但是在具体的工作过程中，由于项目干系人缺乏应有的认识，使其在管理过程中难以对真正需求进行精准提炼，这就可能导致项目在计划制定过程中会存在一定的缺陷，最终带来干系人期望难以实现的问题。项目主管在管理过程中，需要面对的包括质量问题、进度管理等种种压力，而项目需求分析过程出现延期的主要原因往往是需求分析过程中，项目参与各方的沟通协调时间过长。之后，不同阶段的工期也都会随之出现相应的延误。而在具体的实施过程中，也涉及多个阶段，如部署阶段、集成测试阶段、详细设计阶段、验收阶段、单元测试阶段、系统设计阶段、系统测试阶段、编码阶段等，致使可能每个阶段都会出现不同程度的延期。对于这种情况，整个项目进度管理的有效性自然难以得到相应的保障。产生该情况的主要原因通常涉及两个方面。一是信息系统项目管理过程中，项目方法的科学性缺乏有效保障，而项目主管与项目开发人员对此也难以产生较为精准的认识。从软件工程角度而言，只有对项目开发错误及时发现随时纠正，才能避免错误积累从而产生较大影响力，但是在实践过程中，往往由于相关人员认识和管理水平不足，反而出现了问题积累现象。项目组通常都是临时组建而成，不同成员之间缺乏应有的默契和合作经验，沟通效果不良、适应性不足，导致项目难以进行较好的开展。其次，信息系统项目工期的延误往往也是影响成本的重要因素，比如沟通成本、生产成本等。一旦出现这种情况，项目实施效果往往难以保证，缺乏规范的沟通管理计划，不仅会导致团队成员目标不统一，甚至还会出现相互冲突的情况，对项目实施的不良影响就更大。

（三）沟通方式不够有效

在沟通过程中，我们往往是以推送式沟通为主要形式，就是将相关信息发送至接收方，涉及多种方式，如信件、电子邮件、传真、新闻稿等。这种沟通方式的优点显而易见就是能够使信息得到较好的发布，缺点就是目标受众对象的接收状况难以得到相应的保障，无法确认接收对象是否充分理解信息。

在人力资源管理信息系统项目实施过程中，涉及较多部门，而依据具体的规划部署可知，各部门负责人作为信息系统项目的关键人员，通常需要承担相应的责任。在系统环境确定之后，通过规章制度、工作流程、接收系统、验收反馈的方式确定需求内容。当项目组以客户要求为依据，召集相关人员对项目建设阶段进行评审时，总是会出现因沟通导致的问题。例如由于项目主管在策划过程中没有制定严谨的规范方案，同时也没有对沟通方法与技术进行确认，就有可能出现在重要环节评审规程中，关键负责人缺席事件，而这种情况却往往不是个人主观原因引起的，比如人员并没有提前接到相应的会议通知。而真实的情况往往是项目主管可能早在三天前就下发了通知，并将其发送至多个负责人的邮箱，但是因为相关负责人没有及时查看邮件，导致客观上对项目出现了忽视，最终使得评审会出现了偏差。负责开发的团队也不例外，特别是在信息系统项目规模普遍较大的背景下，相关项目涉及的技术研发工程师人员较多，但是由于项目团队的形式是虚拟团队，虽然可以采用信息平台进行共享，但是在内容进一步深入过程中，沟通依旧存在较多的问题。

三、人力资源管理信息系统项目沟通管理问题改进

信息系统项目主管会花费相当部分的时间和精力在沟通上，通过采用积极的措施，可以解决之前所提及的沟通方面的问题，用以改进项目的沟通，这就是本节要介绍的内容。

（一）加强干系人的管理

1. 转变观念，经验共享

人力资源管理信息系统涉及各职能部门众多，不同职能部门有着不同的工作目标和工作语言，遵循不同的工作流程，组建项目团队后，我们就要设定共同的目标来促进成员间的相互理解。当出现干系人个人期望和目标与项目总体期望目标不一致，甚至冲突时，要积极向干系人沟通解释项目的重要性，对组织发展和个人发展的正向作用，努力使其理解项目期望和目标，引导个人期望趋向项目期望，消除干系人对项目产生的消极影响。出现个人参与程度较低，往往是因为个人利益关系相关，对于项目工作的认真付出，得不到相应的回报。为了避免出现激励不够的情况，项目主管需要与相关部门沟通，改进绩效考核，将完成项目任务情况的质量纳入部门成员的个人绩效考核中，依据个人表现和考核结果，给予相应奖励，以此激励干系人主动参与项目，对项目发展发挥积极的促进作用。

人力资源管理信息系统项目的干系人分别来自不同编办、事业单位主管部门、各区县人力资源和社会保障部门和各直属事业单位人员，参加工作时间各有不同，对本职业务熟悉程度也有差异。常常表现出经验丰富的干系人，工作完成度高，质量可靠，部门新人尽管经验少但工作积极，对项目的参与度高。对干系人进行分类管理，具有丰富的项目经验和工作经历，对经办业务熟悉的人员可作为主要代表参与项目的需求沟通，资料准备和业务测试，而经验欠缺但工作有热情的成员也鼓励其积极参与这是很好的学习机会，特别是在主要代表时间安排冲

突时，也可以是代替人选。所以在与各业务部门协商资源时，一般会安排每个部门抽调至少两人参与到项目中。

2. 知识培训，信息共享

在日常工作中，项目成员往往都是各自部门的业务骨干，对本职工作很拿手，对涉及的专业知识也非常精通，但面对跨专业的业务流程和业务知识时，就会不那么得心应手，甚至对部分业务和知识还存在认识上的误区。如系统开发人员只注重实现功能，但却不清楚事业单位人事管理的重点和核心要求，不清楚数据勾稽关系和各模块之间的耦合关系，导致虽然实现了功能，但可能数据和业务的关联性会出现问题。如事业单位人员管理中，岗位类型、入职时间、聘用时间等数据流如果没有理解内在逻辑关系，就会导致数据、功能和业务报错。所以需要通过沟通消除认识误区，弥补知识空缺。沟通中需要多部门协商讨论，成员可用的知识面可能没有那么全面或者运用不够熟练，为避免这种情况，比较好的做法，就是在项目正式执行之前，提前准备，进行培训和信息共享，不仅包括专业知识培训还包括管理沟通培训，提升主动沟通意识，具体可参照如下操作。

需求沟通阶段，项目主管负责整合各部门的业务流程，以流程图的形式展现业务过程，并对专有名词进行标注以免出现歧义或者误读，这就是初始沟通文件。项目成员集中讨论之前将其分享给各成员先行了解学习，再召集包括管理人员、开发人员、业务人员进行会议交流。与会各部门业务人员要充分描述他们实际工作内容和流程，解释专业名词术语，确认是否符合本次项目的期望。会议成员通过积极的探讨，交流学习，了解彼此工作领域内的专业知识，伴随不断提问，消除双方的信息盲区和沟通上的障碍。通过这样的知识培训和信息共享，可以很大程度减少因各干系人之间知识结构差异造成的沟通障碍，对干系人之间的沟通进行有效管理。

（二）善用现代方法工具

方法工具是解决问题的路径和桥梁，改进人力资源管理信息系统项目沟通管理，既需要科学选定沟通方法，也要具体问题具体分析善用信息工具。

1. 选定沟通方法

在信息化应用的背景下，将先进的技术应用于组织沟通，实现沟通管理的数字化和信息化，提升沟通管理效果。可以借用新的沟通方法，将设想转换成原型，使双方沟通的内容具象化，再依据设定的原型做进一步讨论，并在此基础上对原型不断修改，最终达成用户和设计人员之间的共识。选择沟通工具的主要根据是成员信息需求，信息流应该清晰明确，与成员的需求相吻合。原型协同设计工具如墨刀、Axure 等，它们可以实现演示、交互、信息共享、协作设计等功能，用场景模拟代替抽象概念，增加沟通的准确性，大大提升沟通质量。除此之外，借助项目管理跟踪工具，如 Jira，可以实现记录项目相关信息，并且能做到随时准确查阅和分享项目信息。还有代码版本控制工具 Git，通过更新渠道中的已知信息，帮助开发人员验证他们的提取请求并进行问题反馈，类似于 Git 的问题跟踪工具已经成为开发人员流行的交流工具和沟通渠道。

项目过程中，作为组织无形资产的一部分，过程资料的管理也非常重要。如何管理好这些无形资产，是必须要考虑的问题。不仅需要存档，还要能被随时查阅，便捷分享。对于一些特定文件，如功能设计文档、详细设计文档往往需要多人协同修改，所以文件协作共享系统就发挥作用。它是一种对数据库的支持机制，该机制可以将修改之后的实时信息通知各方，其文档工作流可以展示和跟踪所有参与者之间的通信记录，从而建立协助环境，同时它可以提供 Web 访问和无线通信访问。例如 Confluence 这类系统，它就具备文件管理、信息共享和文档协作的功能，可以实现多方人员的协同作业。

综上所述，在类似项目中项目管理软件等现代化的信息工具，可以提高沟通效率，拉近沟通距离，简化工作流程。

2. 善用信息工具

需求分析沟通时使用的原型设计工具，如 Axure，一款专业的快速原型设计工具，可以直观地画出原型，用专业、可靠、简易、直观、易懂的办法进行交互演示，让用户直观了解设计。需求分析人员可以在用户提出的需求基础上，先设计出需求原型，并利用 Axure 给用户进行演示，包括界面外观显示和功能交互过程，在此基础上，在进行具体细节的沟通讨论，可以大大降低沟通的复杂度，提升需求分析的准确性。

原型设计是通过客户和需求分析人员共同协作完成的，这样的沟通才更有意义。需求沟通时通过使用原型设计工具，可以使交互更加清晰，也有助于多方会议时的沟通讨论，在会议上可以多人进行点评讨论，螺旋提升，不断优化方案设计，这样沟通更加顺畅，形成的沟通成果更加直观，更便于开发人员执行，有效提高项目管理工作效率。

项目开始前使用信息管理工具，如 Jira，一款项目与事务跟踪工具，主要从收集用户需求开始、需求创建、需求分析、需求分解、需求确认、需求任务下发、需求功能测试、需求功能确认、需求问题解决，记录和跟踪在整个项目实施过程中的需求。它是开发方于应用方之间重要的需求沟通和确认的平台，特别是在向上级汇报工作时，可以更加清晰直观地为沟通讨论提供参考依据。在需要多人协调变更任务的时候，信息系统也可以被分解成多个子任务，分配给相关处理人，并显示当前任务进度，提示任务到期日。

项目过程中产生的文件可以借助文档协作管理系统，如 Confluence，一款专业的企业知识管理与协同软件，可以为团队提供一个协作环境，其强大的编辑和站点管理特征能够帮助团队成员之间共享信息、文档协作、集体讨论、信息推送。在项目进行过程中，尤其是开发收尾阶段，项目成员都会将项目相关文件进行存档处理。借助这个文档协作管理系统，用户可以进行精准查询，并可将存档的资料信息共享其他有需求用户。作为会议沟通和培训沟通的补充，文件协作管理系统在项目过程中可以发挥很积极的作用，特别是在会议资料准备和学习培训方面。如果有个别人对某些文件信息内容存在异议，大家可以多方沟通讨论，多人协同修改，最终达成一致意见。项目启动伊始就应该借助此工具进行文件管理，比如利用该系统对立项报告、功能说明书等文件进行存储、查询、共享、协作修改等操作，并以此作为项目沟通交流的补充方式，确保信息系统项目开发期间的有效沟通，实现协同管理以及快速查询。

（三）建立常态沟通机制

1. 规划沟通计划

项目启动阶段就要明确沟通计划，确定参与会议的人员、时间、地点、内容等。对于重点工作和里程碑节点，应适当增加沟通频率，鼓励主动沟通，面对面交流，提倡全员参与。周会，每周对项目进行一次工作情况分享，参与各方交流汇报项目进度和完成情况以及质量情况，提出本周遇到的困难和疑问，大家共同讨论，找出解决方案，制定下一周工作计划。利用周会，定期回顾检查最近一周的工作，以便合理控制项目进度和范围。项目重要节点和里程碑阶段都应该安排沟通会，提前准备会议主题，项目成员现场分享心得体会和经验教训。建立对话平台，给予成员更多的自主权和发言权，成员之间、上下级之间、部门之间进行平等的交流，达成知识和信息资源共享，从而为下阶段工作奠定良好基础。

坚持日常会议的同时，团队内部还可以采用另一种敏捷实践的方式，即开放式办公空间，更有利于直接沟通传达需求、功能和项目任务。开放的环境可以构建轻松氛围，方便交流，有助于团队成员之间相互协作，促进成员间相互学习，共同成长，也有助于大家集体讨论，集思广益，让所有人都能贡献力量。同时也要充分利用非正式沟通的手段，运用多种形式的非正式沟通，为成员提供多种沟通渠道，作为正式沟通的补充，构建良好的沟通环境。

2. 优化沟通流程

制定工作分解结构，依据具体工作需要，可以将项目自上而下划分为多个模块。经过逐级分解之后，最终工作任务细化到功能实现上，将这些功能任务安排给特定的人员，并规定完成时间。工作分解结构示意如图 11-3 所示。

序号	任务内容	时长	负责人
1	可行性分析	10 天	××
2	系统功能分析	5 天	××
3	用户需求分析	10 天	××
4	初步设计	10 天	××
5	方案评审	2 天	××
6	组织开发	180 天	××
7	岗位管理模块测试	1 天	××
8	招聘管理模块测试	1 天	××
9	薪酬管理模块测试	1 天	××
10	社保管理模块测试	1 天	××
11	绩效管理模块测试	1 天	××
12	考勤管理模块测试	1 天	××
13	培训管理模块测试	1 天	××
14	合同管理模块测试	1 天	××
15	档案管理模块测试	1 天	××
16	整体测试	10 天	××
17	培训	5 天	××
18	交付	3 天	××

图 11-3　工作分解结构示意图

按照不同需求，尽可能地将任务细化至作业层级，这样每一项工作都可以被有效控制。通过工作分解可以准确评估资源需求、合理配置项目资源，避免出现任务重复和缺失的情况，提高安排的准确度。在图 11-3 中，将任务时间细分到单位“天”来控制，并在时间溢出的情况下，及时修正，实现统筹全局，合理安排资源，掌握项目进度的目的。通过工作分解结构，可以有针对的工作制定风险应对计划并且通过单元需求沟通，减少沟通复杂度，使系统流程更加清晰、明确，可被理解。

项目过程中出现用户频繁变更需求的情况几乎成为常态，因为大部分用户都是站在个人的工作角度，为了便于自身的工作，提出变更要求。如何做好需求变更管理，控制随意变更和需求蔓延，制定变更管理流程就显得尤为重要。用户提出需求变更时，首先通过信息管理系统中需求变更模块，提请需求变更申请，根据系统内设的审核流程，经多方评定审核，确定是否需要执行变更。在审核变更需求时，不能像之前站在个人立场那样去审视需求变更，要充分考虑合理性、可行性、整体性，尽可能采取对双方都有利的对策，实现效益最大化。这样既可以避免用户仅凭借个人感觉就随意提出变更请求，使项目资源得到合理分配，避免过度，减少需求蔓延的可能，合理控制项目进度和项目绩效。

在项目资料归档时，有一类信息往往容易被忽略，就是项目过程中成员积累的经验知识。这类隐性信息通常不会被记录，这其实是知识资产的很大损失。收集这部分隐性信息可采取的方式也很多，比如交流座谈会，通过会议分享的方式交流经验信息，总结具有代表性、规律性和普遍意义的知识点，提炼创新的、先进的技术，形成知识库，录入文档协作系统，供后续项目成员参考借鉴，通过这部分无形资产，提高组织的管理水平。

第十二章　人力资源管理信息系统项目风险管理

风险管理是人力资源管理信息系统项目管理中不可缺少的重要一环，是指识别和分析项目风险类型、风险大小及采取应对措施的管理活动。人力资源管理信息系统项目风险管理的目的，不是为了使项目运营过程中不存在任何风险，而是通过提供全面精准的识别分析、研提科学有效的解决方案，以合理控制风险，将风险对项目实施的影响降到最低。

一、信息系统项目风险综述

项目风险是客观存在的，几乎不可避免，最大限度地避免风险的发生和风险发生的损失，是风险管理的核心。

（一）信息系统项目风险管理过程

风险的管理过程，主要包括规划风险管理、识别风险、定性风险分析和定量风险分析、规划风险应对、控制风险等。

1. 规划风险管理

规划风险管理就是在信息系统项目实施前，经过充分的调研，制定信息系统项目的实施方案，其中风险管理是实施方案中必不可少的部分。规划风险管理的类型、风险管理的程度、风险管理的重要性、风险管理的影响。规划风险管理的内容可以作为建设单位、承建单位信息系统项目实施的指导，发挥“纵览全局”的作用，只有制定正确而详尽风险管理，才能保障后续的实施有条不紊。

2. 识别风险

识别风险是将可能影响信息系统项目的风险因素找出来，并对这些风险因素的影响程度进行预判。首先在风险识别环节中可运用“情景分析法”，召集人力资源管理信息系统项目的干系人进行座谈和会议，然后通过“头脑风暴法”，将事业单位管理领域的领导、专职人员、专家提供的专业经验和信息运用到风险因素的收集过程中，识别风险因素一定要结合信息系统项目实际情况。风险识别的工作无法做到一劳永逸，而是一个不断识别、不断反复、不断调整、不断更新的持续性过程。

3. 定性风险分析和定量风险分析

实施定性风险和定量风险分析一般是相随相行的过程，定性风险分析是定量风险分析的基础。定性风险分析就是对前期已经识别出来的关键风险因素进行优先级排序，以确定这些关键风险因素防范和应对程度。定量风险分析是将风险因素进行量化，根据排序重要性判断其对信息化项目影响的重要程度。定量风险分析通过对前期已识别到的关键风险因素按照其风险概率、风险影响量化测算出具体数值，这些量化数值就是最直观的科学依据。根据其重要性和风险数值进行对比，看两者是否有差别，进而判断其数值排序和信息系统项目影响的关系。

4. 规划风险应对

上一阶段识别出的风险因素就是风险管理的基础，既然已识别出风险因素，就要制定相应的风险应对措施，这就是规划风险应对。风险应对的手段一般包括风险转移策略和风险规避。例如，采用转包的方式，通过合同和标书约定将一部分非核心的项目内容转移给分包单位，规避信息系统项目产生的影响；风险接受策略，接受一些环境和政策变化等不可避免的风险因素，通过风险减轻策略，虽然这些风险因素不能完全解决，但可以通过降低其影响程度加以应对。

5. 控制风险

控制风险是在信息系统项目中实施风险应对策略、跟踪已识别的风险因素、监督可能出现的风险因素、识别新的风险因素，以及评估风险因素有效性的过程。控制风险包括替代选择策略、实施应急避险或者回弹计划、采取纠正措施和校正信息系统项目风险管理计划。项目主管不仅要采取必要的措施进行合理的风险应对，而且要定期排查和梳理没有预估到的风险因素，并制定有效的风险应对计划，风险应对策略的不断优化始终贯穿于整个信息化项目实施过程中。

（二）信息系统项目风险识别方法、风险分析方法和风险应对

1. 信息系统项目风险识别方法

首先要做到对信息系统项目风险因素的识别要准确、全面，这是整个风险管理的基础，信息系统项目风险识别的方法有很多种。信息系统项目风险识别方法示意如图 12-1 所示。

风险识别方法	优点	缺点
核对清单法	利用经验、结构简单	对清单要求高
风险分解结构	提供框架、避免遗漏	对专家依赖大
头脑风暴法	充分分散与集中	结果质量不可控
匿名风险报告	接近真实征求意见	专业性不高
Delphi 法	专家经验	对专家依赖大
SWOT 法	机构科学	内部视角
访谈法	广泛征求意见	时间消耗大
问卷法	广泛征求意见	数据难保证

图 12-1　信息系统项目风险识别方法示意图

2. 信息系统项目风险分析方法

在风险管理中，只有分析清楚风险因素，才能做好风险管理。早期的信息系统项目风险分析方法主要是依靠实践经验的积累，主观成分大，随着项目管理学的不断发展，风险分析方法“以事实为依据”，客观性较强，也形成了一套成熟的项目风险分析方法论。信息系统项目风险分析方法主要包括 Pareto 分析法、因果关系分析法、概率和影响矩阵法等。信息系统项目风险分析方法示意如图 12-2 所示。

风险分析方法	优点	缺点
概率和影响矩阵法	形成风险排序	易于忽视其他因素
AHP 层次分析法	定性定量结合	指标权重难设计
决策树分析法	逻辑清晰	难以解决复杂问题
网络分析法	推测结果清晰	方法较为复杂

图 12-2　信息系统项目风险分析方法示意图

3. 信息系统项目风险应对策略

风险应对的策略主要包括规避风险、减轻风险程度、接受风险和转移风险。

（1）风险规避：风险规避是选用专业的知名的承建单位，通过运用先进、稳定、可靠的技术手段规避信息系统项目实施存在相关风险因素，也可以通过建立参数类比模型，借鉴以往有类似风险因素的信息化项目的风险规避方法。

（2）风险转移：风险转移是将信息系统项目可能出现的风险后果转移给第三方，通过具有法律效力的项目标书、合同等，由第三方承担风险的不良后果。

信息系统项目实施方、承建方、合同方都可以视为转移风险的第三方，通过专业的方法和实施工具，按照合同约定保证信息系统项目的质量和进度。

（3）风险减轻：风险减轻是将所有可能造成信息系统项目的不利后果的风险事件影响尽可能降低到一个可以接受的范围，这包括两方面，一是要减少风险事件概率的发生，二是要减轻带来的不利影响程度，在风险事件出现以后积极应对。采取风险减轻的策略就是为了更好的实施信息系统项目。例如，人员流失普遍存在于信息系统项目建设过程中，特别是骨干人员的离开，带来的后果就更严重。因此，为降低人员流失带来的负面影响，通常会通过建立工作岗位“AB角”、提前储备人员等方法来减轻风险。

（4）风险接受：即使再科学、先进的风险管理，也不可能做到把所有的风险都识别出来，对于无法预料的风险结果只能采用风险接受，此时预留一部分风险储备资金就会发挥其作用，在出现被迫风险接受的时候，能够做到补救措施。

二、人力资源管理信息系统风险识别

人力资源管理信息系统风险识别，是风险管理的基础和重要组成部分，是指明确项目可能存在的风险及其产生的原因，描述这些风险的特征，并对这些风险进行归类的过程。

（一）人力资源管理信息系统项目风险的基本分类

分类的标准不同或者划分的角度不同，风险的分类结果也会不同。我们将人力资源管理信息系统项目风险管理的实施内容作为分类依据标准，将实施内容作为风险类别分类的原型，参考相关信息系统项目规范、标准等内容，进一步确定风险类别和风险评估考量因子。可以全面、准确识别风险因素，还能运用和拓展信息系统项目风险管理实践。

1. 按照可控性分类风险事件

根据可控性分类风险事件，可分为可控的风险管理和不可控的风险管理。其中，可控的风险因素可以预防或者通过一系列的风险管理方法和手段加以解决，通常信息系统项目内部变化是引起这类风险因素的关键原因。例如需求变更、测试不充分、人员流失等；不可控风险指无法通过管理手段来进行处置的风险因素，往往是因为外部政策、环境等不可预见变化引起的，假如机构或者行业改革、市场政策调整、新技术革新、重大突发事件等，只能被迫导致信息系统项目做出相应调整。对于人力资源管理信息系统来说，可控风险能够通过风险管理手段进行主动规避或者处置，只要处置得当，一般都会减轻信息系统项目的影响；不可控的风险管理因素，则会对信息系统项目产生相对比较大的影响，会导致信息化项目被迫进行相应调整，以适应外部环境变化要求。其中，信息系统项目风险中的绝大部分风险是可控风险，也是人力资源管理信息系统项目在风险管理工作中需要主动应对风险因素。

2. 按照可行性分类风险事件

根据风险事件发生的可行性对风险事件进行分类，可以产生高、中、低型的影响，“高”可行性风险项，如不及时进行处置，将会导致信息系统项目延期，严重时还会导致项目失败；“中”可行性风险项如果不及时处理的话，很可能导致信息化项目进度滞后，延期完工；风险事件的发生，带来的损失不严重或者基本影响很小，那么风险事件的发生概率就低。因此如同时应对多个风险因素，对于所有项目都一样，必须优先重视和应对高风险因素，因为高风险因素对信息系统项目带来的影响和损失更大。

3. 按照影响分类风险事件

按照风险事件造成的影响程度对风险因素进行分类，可分为严重影响、中度影响、轻微影响风险事件。严重影响是指风险事件发生后，信息系统项目的实施工作需要做出很大的调整，如建设方公司出现重大变故甚至倒闭、资金链断裂、骨干人员大量流失等将导致信息系统项目无法如期、保质完成；中度影响是指风险事件发生后，信息系统项目的实施工作需要做出一定调整，信息系统项目会受到影响或者损失，如非核心技术面临变化、实施方案需要局部调整等；轻微影响是指风险事件发生后，信息系统项目整个基本面不会受到影响或者损失，但是也需要尽可能对轻微影响加以干预，避免其带来的影响加剧。所以，对于任何项目来说，在多个风险因素同时要被处置的时候，必然是优先解决影响程度大的风险因素，因为严重影响的风险因素对信息化项目带来的损失更大。

（二）人力资源管理信息系统项目风险的识别步骤

人力资源管理信息系统项目的风险识别过程中，首先在风险识别环节中运用“情景分析法”，将人力资源管理信息系统项目干系人通过座谈交流，运用“头脑风暴法”，将人力资源管理信息系统项目领域的领导、管理专家、专业学者的经验和建议意见运用到风险因素的收集和梳理的过程之中。人力资源管理信息系统项目风险识别流程如图 12-3 所示。

（三）人力资源管理信息系统项目风险的识别过程

在风险识别流程中运用“情景分析法”，将人力资源管理信息系统项目的干系人请到现场，运用“头脑风暴法”，提供经验，贡献智慧。结合关于风险识别

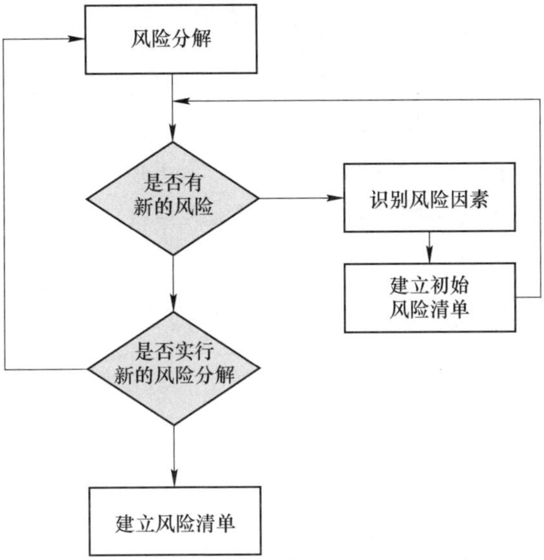

图 12-3　人力资源管理信息系统项目风险识别流程

等方面的理论方法，从风险识别模型、风险识别知识库、风险识别影响因素的文献资料等，梳理识别出人力资源管理信息系统项目可能出现的主要风险因素包括：信息系统项目调研和用户需求分析不够精确、全面，信息系统项目调研对象和内容不适用、不准确、信息系统项目调研用户参与度不够，双方调研沟通不充分。缺少信息系统项目需求变动管理备案，信息系统项目可行性研究不够深入细致，未充分考虑信息系统项目的关联性，信息系统项目各阶段工作划分不标准，统筹信息系统项目人员缺少经验或者能力不足，制定信息系统项目预算和进度不够科学合理与实际存在偏差，信息系统项目开发模式可能不符合用户实际情况，使用电子化人事档案的过程缺乏安全性及保密性，缺少相关规范标准解决系统兼容性、系统稳定性、系统安全性、行业标准问题。这一系列的风险项，最后经专家小组多次论证，使用风险识别理论，最终形成准则层风险类目和指标层风险类目。

（四）人力资源管理信息系统项目风险的识别结论

在风险识别流程中运用“情景分析法”“头脑风暴法”，从风险识别模型研究文献资料得到准则层安全保密风险（主要包括事业单位人事信息数据、信息系统项目网络安全保密）、项目系统风险（主要是指在信息系统项目全生命周期内系统运行稳定）；从风险识别知识库的文献资料得到准则层实施过程风险（主要是指在信息系统项目实施过程中整体、范围和进度管理）；从风险识别的影响因素的文献资料得到准则层服务保障风险（主要是指信息系统项目所涉及的文档管理)；接着按照准则层的分类标准，选取得到了具体的指标层的风险类目。

安全保密风险主要包括五个风险类目：即内部失密风险、黑客攻击风险、商业间谍风险、恶意代码风险和窥探隐私风险。项目系统风险主要包括三个风险类目：即兼容性风险、稳定性风险和扩展性风险。实施过程风险主要包括四个风险类目：即进度控制风险、质量控制风险、人力资源控制风险和成本控制风险。服务保障风险主要包括三个风险类目：即制度管理风险、合同管理风险和财务管理风险。

三、人力资源管理信息系统项目风险应对

识别风险不是目的，而是风险管理的开始。需要根据风险识别的具体情况，综合施策，科学应对。

（一）安全保密风险的应对策略

内部失密风险的应对策略主要采用风险规避，首先严格审核建设单位资质，是否具备安全保密资质，并在人力资源管理信息系统项目正式启动前进行安全保密法律法规和相关知识宣贯，签订保密责任书，使项目成员树立牢固的保密意识和责任。其次就要建立规章制度、健全安全保密法规，并严格执行，做到有法必依、有章可循。另外，更需要将日常管理工作做到位，如果出现内部窃密行为，一定绝不姑息、及时处理。最后是完善安全保密检查技术手段，特别是使用技术工具进行检查，将日常监管工作做到常态化。黑客破坏风险的应对策略主要是风险应对，首先在人力资源管理信息系统项目正式启动前，开展针对技术人员的专项培训，学习相关网络安全知识、配置策略、数据备份等相关专业技能。

应对恶意软件入侵的措施，通过制定严格的安全策略、采用增强的加密技术，做好互联网、政务内外网之间的边界管理。一旦出现网络安全事件，应当立即将其向有关国家安全部门、国家网信部门报告。

防失泄密的应对策略主要是加强保密管理，通过严格的保密措施，杜绝重要的人事数据的外漏和外泄。其次是分类别、分权限管理事业单位信息数据，设立秘密等级和访问权限。对涉及事业单位信息项目的计算机、复印机、打印机、传真机等输出外设，实施有效管理，避免信息外泄。

恶意代码风险的应对策略主要是风险应对，恶意代码其中一个重要来源就是网络攻击。首先安装杀毒软件，并定期进行病毒库升级，还可以用安全检测工具进行检测修复，实行软件审批制，安装任何软件必须先审批再安装，上述综合手段，可以有效地防止恶意代码泛滥传播。

窥探隐私风险的应对策略主要是风险应对，由于人力资源管理信息系统涉及各类人事信息、工资信息、考核信息等，自然会包含一些个人敏感信息，所以加

强窥探隐私风险的应对十分重要。首先应明确要求，宣贯法律、法规，让涉及项目的干系人明确窥探隐私不仅是一种侵权行为，更是一种违法行为。其次，建立健全信息隐私保护制度与流程，制定人事数据管理制度，包含人事数据的存储政策和建立人事数据记录工作。

（二）项目系统风险的应对策略

兼容性风险的应对策略主要是风险转移，继而就是进行人力资源管理信息系统项目招标过程中，制定“信息系统项目兼容性指标”，投标单位必须满足相关信息系统项目系统的兼容性要求，提供的软件版本、数据库类型、系统接口必须达到可拓展的兼容性的标准要求，将信息系统项目的兼容性风险由建设单位转移至建设承建单位。

稳定性风险的应对策略是要求人力资源管理信息系统承建单位制定“使用说明书和维护说明书”，并对信息系统项目的最终使用方的工作人员和维护人员进行培训；也可以通过加强对人力资源管理信息系统承建单位相关干系人培训，使其能熟练使用信息系统，增加软件的使用熟练度，减少软件系统的崩溃发生概率。所以，为了保证信息系统项目软硬件设备的稳定性，将风险转移到可以约定的人力资源管理信息系统项目标书和合同中。扩展性风险的应对措施主要是风险转移，鉴于人力资源管理信息系统项目在信息系统项目招投标阶段，要求承建商保证信息系统项目后期扩展范围及时限，如果信息系统项目投入使用后的 1 年时间之内，如有任何问题由中标或者承建单位承担，进而转移扩展性风险。

（三）实施过程风险的应对策略

进度控制风险的应对策略主要是风险转移，将人力资源管理信息系统项目的 WBS 中的时间节点、资源预测、工作分解包均纳入可控范围之内，进而转移到信息系统项目的中标单位和承建单位，但是作为该系统的建设单位即事业单位管理部门和第三方监理单位需要实时监督信息系统项目的工作进度并且反馈意见，约定整改时限，形成记录存档。质量控制风险的应对策略是风险转移，在标书和合同中将人力资源管理信息系统项目的质量标准、质量保证、质量控制等内容提出明确要求，以保证中标单位或者实施单位提供高质量、高标准的服务和产品；同时，还需要所有干系人参与到信息系统项目中，对照标准持续改进信息系统项目，以达到转移质量控制风险的目的。成本控制风险主要是由于事业单位管理的特殊性、人事信息数据随时变化、信息技术日新月异等原因，可能带来的意想不到的变化和预料之外的突发事件，应对财务成本预算风险可采取预留一部分“应急预算资金”的方式进行风险影响的减轻。同时，也一定要在招标文件和合同中约定人力资源管理信息系统的“详细成本预算”，对于非必要支出的额外成本预算严格审核控制。人力资源风险主要是通过选择既有丰富信息系统项目管理经验又有团队管理能力的人员任项目主管，能依据项目实施进度节点和合同约定管理好自己的团队。按照团队管理理论，团队成长过程都会经历震荡到平稳的阶段，项目主管要能做到未雨绸缪、统筹全局，打造高效团结稳定的项目团队。人力资源管理信息系统根据信息系统项目实施进度，动态地对团队规模进行适当的扩充和更新，以便在人员发生变化时，降低人力资源风险影响。

（四）服务保障风险的应对策略

制度管理的风险的主要应对策略是风险接受，以制度约定信息系统项目的相关规则规定和相关干系人管理为条件。制定规范的“人力资源管理信息系统项目管理制度”，所有信息系统项目干系人均应遵守规章制度，审视制度的全面完善合理和可操作性，避免制度漏洞对信息系统项目的实施造成影响。

合同管理风险的主要应对策略是风险减轻，一方面项目组应尽可能地聘请资深专家对事业单位综合管理信息项目的合同内容进行审核把关，经由第三方如监理或者法律顾问按照合同条款进行逐一核对，不能产生因为对于合同管理存在认知盲区和存在的纰漏而影响人力资源管理信息系统项目的顺利完成。还要明确中标单位和承建单位的里程碑内容中的界定信息系统项目的实施节点和成本，及早发现分歧和漏洞并及时补救，避免产生不必要的合同纠纷。财务管理的风险主要的应对策略是风险接受，因为人力资源管理信息系统项目的实施周期比较长，作为政府投资建设信息系统项目，项目建设资金来源虽然相对稳定，但是财务政策和财务人员可能会出现变动，以及变动后是否能顺利衔接等方面，还是存在一定不可控性，建设单位和承建单位也无法准确预计，只能在财务政策和财务人员一旦变化之后，依据变化情况及时调整制定相关政策和策略。

第十三章　人力资源管理信息系统项目采购管理

随着社会主义市场经济体制的发展完善，项目采购管理几乎贯穿了人力资源管理信息系统项目的整个生命周期。人力资源管理信息系统项目的采购管理，是指为保证信息系统正常建设、稳定运行，促进人力资源管理业务信息化智能化发展，而向项目外购置或者定制开发的各类软件、硬件、服务及配套的基础设施等，主要包括项目采购规划、项目采购组织、项目采购实施、项目采购收尾等。

一、信息系统项目采购管理综述

信息系统项目采购管理对信息系统项目整体管理、成本管理、质量管理和进度管理都起着至关重要的影响作用。它是从项目内的视角，处理买方与卖方的关系，这就要求开发商除了要有信息学科专业技术以外，还要有比较丰富的行业经验，熟悉业务流程和管理要求，知悉市场动态和信息技术的发展趋势。

（一）信息系统项目采购的特点

相比于传统项目，信息系统项目在管理模式、复杂程度、应用领域等方面都存在较大差异。因此，信息系统项目采购通常也具有以下特点：

（1）专业度要求高。信息系统项目的采购管理人员最基本的要求是要了解国家招投标及合同的相关法律、法规，并且有一定的理论知识储备；同时，信息系统项目往往涉及专业技术，例如软件硬件设备选型及采购，需要管理人员具备一定的信息技术能力，能了解产品的特点和性能及适用性情况。

（2）市场价格不明。信息系统项目是脑力智力密集型产业项目，主要的投入是人工费用，大多数情况下没有办法进行量化估值，通常通过进行招投标采购，对项目的各项指标进行综合评估和选择，对于软件开发类项目，采购的产品往往是客户端程序或者技术服务，而随着项目执行人员的经验、研发能力的不同，交付物的质量和交付效率也存在很大差异。

（3）销售渠道特殊。信息系统项目的采购往往通过多个渠道，有些是通过公司直销方式进行采购获得，有些则需要通过代理商进行采购，不同的销售途径对应的采购成本有所不同。

（4）采购成本波动。信息系统项目采购，尤其是硬件设备采购项目，各零部件（例如芯片、存储等），在很多情况下，受市场波动影响较大，采购成本会随着原材料价格及汇率的浮动，出现一定程度的变化。

信息系统项目采购的特点如图 13-1 所示。

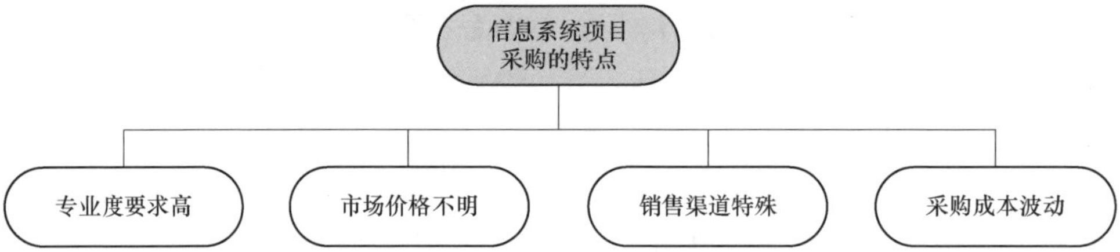

图 13-1　信息系统项目采购的特点示意图

（二）信息系统项目采购的分类

项目采购管理是项目执行过程中的一项关键工作，从某种层面来说，采购管理的模式和方法也在一定程度上决定了项目管理的方式方法。对于信息系统项目采购，不同类型的项目有不同的项目特点，采购方式自然也会有所不同。例如单位自建机房专用设备采购、信息系统项目采购、相关连接外设、信息化治理相关咨询类项目采购等，在采购方式和管理方法等方面都有很大的不同，以下会针对几种常见的信息系统项目采购管理进行说明。

1. 软件开发项目

软件开发项目一般是指根据客户应用需求定制开发系统或者系统中部分功能的项目，通常具有如下特点：投资大、规模高、创造价值大、不确定性强等。目前软件开发外包采购的管理规范主要包括国际标准 ISO9000-3、软件成熟度模型（CMM）、项目管理知识体系指南（PMBOK）等行业公认标准。软件开发方式一般包括：自主研发、委托开发、合作开发、购买成型软件后进行二次改造。从采购的角度来看，一般软件开发采购可分为基础软件采购及定制开发软件两种类型。基础软件一般是指为配合应用系统上线搭建运行环境的基础软件，包括操作系统、数据库、中间件等比较成熟的产品。这类采购相对比较简单，前期做好需求分析、型号选型及配置要求等，寻找合适的代理商或者集成商进行招标或者询价、开价、签合同，安装验收等。通常软件产品有 1 至 3 年的质保期，并保留 10%左右的合同质保金，待稳定运行 1 年后结清。

特定功能软件的定制开发一般采用外包的形式，因为在市面上没有可以直接安装使用的软件，需要针对应用单位的实际情况进行定制化开发，例如某医院要采购一套 HRP 管理系统，虽然也有很多专业公司开发出成型的应用系统，但是由于各家医院都有本身的流程及制度的特殊性，因此需要专门开发定制，那么就需要采用定制开发的方式，构建一套符合使用单位需求的系统。

2. 咨询服务类项目

咨询服务类项目是以特定的知识技能、服务、信息资源等为采购内容，为甲方信息系统项目的实施提供方案和建议，咨询服务是围绕信息系统项目所展开的服务，咨询服务贯穿于信息系统项目的各个生命周期，包括前期的业务咨询、项目建设期的业务咨询、运维期的业务咨询等。咨询服务类项目的特点如下：作为一种智力密度集中的工作内容，很难对工作量进行定量评价，也无法用技术规格来约束；咨询服务主要依靠于乙方的行业经验和管理能力的积累，在供方选择时不应以价格最低为中标原则，而是以能提供更全面更专业，业内有高知名度和影响力作为主要参考因素。需要注意的是，如果咨询服务涉及某些特定领域，可能会有产生知识产权相关纠纷的风险，咨询范围也会相应受到一定的限制。在信息系统项目建设过程中，其实每个阶段都会或者多或者少涉及咨询服务，项目前期的咨询服务主要包括启动、规划环节中确定整体项目需求，明确项目管理总体架构方案；建设期的咨询服务分为实施准备和项目实施过程中的咨询服务。咨询服务一般是通过外包采购的形式来进行购买，采用招标方式选择供应商，由于采购项目和内容的特殊性，供应商的选择通常是基于质量和费用的采购方法，或者基于质量的采购方法。

3. 系统集成项目

系统集成是通过结构化的综合布线系统和计算机网络、通信技术，将原本相对独立的设备（如 PC、交换机、路由器等）、功能、信息等集成为一个统一、相互关联的有机整体，使资源达到充分共享，实现集中高效的管理。系统集成的应用包括软件集成、网络集成等，简而言之，系统集成包括应用系统模式、技术解决方案、信息系统项目管理、产品技术等要素。系统集成的特点包括：需求的多样性；项目管理的复杂性；清晰的项目目标和业务需求；要求集成人员同时掌握软、硬件技术。系统集成采购包括硬件设备采购（如系统服务器、交换机、密码机等设备），软件采购（如软件开发等），工程服务采购（如网络布线等），咨询服务采购（如系统测试、运维服务、人员技术支持等）。系统集成采购通常采用阶段性采购的过程，具体采购过程为第一阶段进行信息系统服务咨询，对实施方案及配置设计进行采购；第二阶段根据设计方案对项目相关的基础设施及软件开发进行采购。

二、人力资源管理信息系统采购管理存在的问题

人力资源管理信息系统采购，在实践中主要存在采购计划执行不够精准、采

购进度管控不够有力、采购管理过程不够高效、合同管理机制不够完善等问题。

（1）采购计划执行不够精准。在具体的项目实践中，信息系统项目采购计划和实际执行在范围和成本上偏差较大的现象还是比较常见的。例如年初规划建设某个项目，在调研过程中发现该项目得不到预期收益而终止，或者业务部门在自建系统时，未充分考虑信息系统环境的局限性而导致项目超预算。

（2）采购进度管控不够有力。事业单位管理部门在采购管理上可能存在对采购的控制力不足，导致进度拖延期，影响项目执行，可能有时还会出现紧急采购的现象。由于采购准备不充分，立项仓促，招标时间紧张，导致投标的供应商过少，没有充分体现竞争力。

（3）采购管理过程不够高效。如果采购管理主要依赖于制度的约束和纸质文档的签字流程，管理工具应用程度不够，就会造成采购流程到某个负责人节点下，停滞时间较长，查找商务材料也比较困难。总体上，采购过程的实施由于涉及多个人员及多个审查层面，工作周期较长，效率不高。

（4）合同管理机制不够完善。在人力资源管理信息系统项目执行过程中，可能会遇到供应商的水平难以顺利执行项目，或者可能发生合同签订后作废，再重新招标。选择供应商的情况，在一定程度上影响项目的进度及业务的开展。1）合同签订周期长，一般来说，事业单位因其特有属性，内部审批流程较长，从起草至甲、乙双方签订完成经过的节点较多，同类型的合同也需要反复审核、确认、签订，周期较长，从中标结果发布确认供应商到合同最终完成签订通常要经历1~2个月的时间，在一定程度上也影响了项目执行进度。2）管理分散，数据统计困难。通常来说，事业单位合同量不是很多，一般不设立合同管理专职部门，合同管理无统一部门集中管理，分散在各个归口管理部门分散管理，各部门在管理手段、标准上都各不相同，为整体的数据分析、审计调用等造成一定的困难。3）合同履约情况监控不力，在合同履约阶段缺乏管理，主要体现为，一是因为缺乏专职合同管理部门，往往会导致续签类合同签订不及时，产生业务风险；二是因为事业单位一般不设置专职法务人员，需要追究法律违约责任时不重视，错过了诉讼时效，忽略对于法律证据的收集，发生冲突时导致甲方利益受损；三是缺乏专职审计人员，对合同的执行情况没有彻底的审核，对合同执行期间监控不足。

三、人力资源管理信息系统采购管理措施及流程的优化

针对上述人力资源管理信息系统采购管理存在的问题可以采取分类设置专人专岗、加强供应商的管控、注重合同规范管理等措施。

（一）分类设置专人专岗

随着事业单位改革的深入，创新管理的要求不断提高，事业单位综合信息管

理系统建设及维护工作量也日益增多，信息系统项目相关采购工作通常都是由需求发起部门或者信息部门兼顾完成的。针对信息系统项目采购管理往往需要既清楚采购相关法律法规又懂专业技术规范标准的复合型人才的实际情况，可以在信息部门中设置专职商务管理团队，配合业务部门及综合管理部门完成供应商管理、需求确认、采购流程跟踪及监督、项目验收等工作。商务管理团队一般包含外包管理岗、商务管理岗、资产管理岗，在人员不那么充足的情况下，也可以一人多岗，具体负责工作如下：

（1）外包管理岗负责起草、修改和更新信息化建设项目外包管理制度、管理办法，并根据外包管理的相关规定，对外包过程进行监督指导；供应商准入管理，招标前对外包商的资质、经营状况、业绩、业内评价等进行调研；配合开展对外包公司内部检查及外部审计；供应商人员的日常管理考核等工作，特别是针对驻场情况下的人员管理和绩效考核。

（2）商务管理岗负责起草、修改和更新信息系统项目采购管理相关制度和管理办法；组织信息系统项目立项及招标材料的编制和评审；组织系统需求调研、收集、评估；配合综合管理部门，组织项目立项、招标上会审议；负责商务合同初稿的起草并组织审核；根据采购管理流程，对流程中各个节点完成情况进行确认；组织信息系统建设项目的验收，协调财务部门完成款项支付。

（3）资产管理岗。随着信息化技术的不断深入，信息化资产已经成为组织资产的重要组成部分。保管好、利用好信息化资产，对于提升信息化建设水平、提升组织竞争实力，具有重要意义。该岗位主要负责信息系统项目资产管理制度的建立、完善和更新；资产档案的动态维护，保证账、卡、物相符；资产的验收、盘点、报废等。

在明确采购商务管理人员的岗位和职责分工后，建立监督考核机制，对工作目标、完成标准、考核要点进行量化分解。同时，由于采购管理人员的岗位有其特殊性，如接触的信息可能涉及涉密信息，则采购人员需签订工作保密协议；该岗位属于廉政风险高危岗位，要进行常态化的教育提醒，建立定期轮岗制度等，加强采购管理工作的规范性和约束性。

（二）加强供应商的管控

目前随着事业单位信息化管理要求和水平的不断提升，供应商的服务能力和水平将直接影响项目的成败，故对供应商的要求也越来越高，因此必须加大对供应商的管理力度，实施严格的准入制，加强人员管理。过往，我们对供应商的管理，在体系上主要侧重于对供应商外包人员管理，如进离场、日常出勤、劳动纪律的日常考核及管理，很少针对供应商单位本身的准入评估、绩效考核及项目执行情况的管理和考核，很难从根本上提高对外包商的管理水平，外包商准入评价要求、考核要素等进行梳理。

1. 供应商准入管理

为了保证信息系统供应商的服务水平能够满足人力资源管理信息系统项目建设需要，项目建设方，一般为事业单位管理部门，需要先建立一套供应商资源库管理机制，对于有意向加入的新供应商，前期做好供应商公司信息的准入调研，结合公司整体经营实力、技术实力、质量及进度管理水平、人力资源状况等多个维度对供应商进行调研，根据调研结果对供应商进行分类和级别评定。将合格的供应商，收录进供应商资源库，根据供应商的主营业务进行划分，制定供应商风险预案。对于重要项目的实施及维护，按照实施能力和业内评价，至少预先安排1~2家备选供应商；对于新项目投标供应商的选择，一般倾向于在优秀的供应商中选择。

2. 供应商绩效考核管理

（1）外包管理质询。在建立合格供应商资源库的基础上，为了保证供应商提供服务的可持续性，及时掌握了解供应商在经营管理中的动态，加大对供应商组织内部审计和监控力度，合同中明确约定供应商单位应该加强内部风险控制、完善内控体系，具备发生重大风险及突发事件的处置能力并及时报告甲方单位。为了保证采购管理人员对于供应商单位内部情况的掌握，应至少以半年为节点，向供应商发质询文件，以此来了解公司治理及经营情况的异动，信息包括但不限于单位基本信息、财务状况、组织架构、重大人事变动、资质认证、新增服务对象或者成功案例、人员培训情况等信息。

（2）外包项目的绩效考核。外包项目绩效考核按照提供服务类型，主要分为四大类：信息系统开发建设项目类，信息系统运行维护类，信息系统测试服务类，基础设施及办公设备等软硬件维护类。为每一类项目设定相应的关键绩效指标（KPI）对应的权重。

信息系统开发建设项目类的考核周期一般为项目正式上线运行后，关键绩效指标（KPI）：人员绩效，项目绩效（项目计划有效性，问题风险解决及时性、有效性，系统缺陷率，文档质量，上线成功率，内外审计问题），一般项目绩效权重要高于人员绩效权重。同时，可结合建设单位主要干系人对项目进行结项评价，作为项目绩效考核的附加考核指标，评价指标包括：

1）原型产品与实际需求匹配程度；

2）产品版本成熟度；

3）项目整体与甲方的配合度；

4）公司方提供产品培训的有效性；

5）项目整体服务响应速度；

6）项目内部或项目之间的沟通及时性及有效性；

7）项目交接完整性。

信息系统运行维护类考核周期一般设为每季度一次，关键绩效指标（KPI）：人员绩效，系统运维考核（变更上线成功率，生产系统事件等级），主观评价（工作积极性、技术水平、协作能力），三方面的评价权重占比基本平衡，相对合理。

测试服务类考核周期为每季度，关键绩效指标（KPI）：人员绩效，测试服务考核（变更上线成功率，上线后缺陷数），主观评价（工作积极性、技术水平、协作能力），三方面的评价权重占比基本平衡，相对合理。

基础设施及办公设备等软硬件维护类考核周期为每季度，关键绩效指标（KPI）：人员绩效，软硬件维护考核（生产系统事件等级），主观评价（工作积极性、技术水平、协作能力），三方面的评价权重占比基本平衡，相对合理。

外包项目的绩效考核示意如图 13-2 所示。

考核内容	考核周期	关键绩效指标	主观评价
信息系统运行维护类考核	每季度一次	人员绩效 系统运维考核	工作积极性 技术水平 协作能力
测试服务类考核	每季度一次	人员绩效 测试服务考核	工作积极性 技术水平 协作能力
基础设施及办公设备等软硬件维护类考核	每季度一次	人员绩效 软硬件维护	工作积极性 技术水平 协作能力

图 13-2 外包项目的绩效考核示意图

外包服务人员绩效评定结果要及时反馈给服务提供商，对于绩效考核结果不理想，可要求服务提供商更换驻场服务人员；绩效考核不合格的，应立即清退，并要求服务提供商增派满足合同要求的服务人员入场。服务提供商绩效评定结果将作为下一年度准入评价和选择的重要参考依据。外包提供商绩效考核数据及结果可作为合同执行过程中违规扣款的依据。

（三）注重合同规范管理

1. 合同管理集中化

事业单位要实行合同管理集中化，合同留存至少 2 份，1 份由使用部门自行归档，1份需交由综合办公室或者集中采购部门统一管理、统一编号、统一存档。合同档案的移交、管理、查阅、保存和销毁均按照档案管理流程规范管理、操作，存档备查。

2. 合同模板统一化

信息系统项目合同标准化，由信息部门根据信息项目的不同类型，结合审计、管理等部门的要求，拟定合同条款，一般具体标准合同制定的程序为：拟定合同初稿—合同审核—合同签订—合同执行。

（1）拟定合同初稿。由信息部门对合同类型进行划分，根据事业单位信息系统项目类型，一般可以分为技术开发类合同范本、运行维护服务类合同范本（硬件、基础设施、基础软件）、技术支持服务类合同范本（信息系统）、采购类合同范本（办公设备、硬件设备、软件产品、办公软件）、服务外包类合同范本、咨询服务类合同范本，要根据每个类型合同的管理要求、响应机制、服务等级协议、付款方式等做进一步划分，同时，合同要做成标准制式模板，防止他人篡改模板中常规要求信息。

（2）合同审核。合同初稿拟定完成后，提交管理部门审核，审核的依据是有关法律法规、规划政策、监管规章等要求，重点审查合同内容的合法性、合同条款的完整性、合同标书的准确性；事业单位的审核流程通常还会有上办公会研究审议。

（3）合同签订及执行。合同审核通过后，就可以签订并实施了。

3. 推行合同的全流程管理

合同管理要实行事前管理、事中管理、事后全流程的跟进与监控，实现全流程、全生命周期管理。

（1）事前管理。在合同签订以前，合同涉及的相关人员，根据实际业务需求及标准模板填写合同文本内容，同时根据项目自身的特殊性，进一步完善，要确保各项内容切实可行，权责明确；

（2）事中管理。事中管理是在合同执行期间的过程管控，应设置专人对合同的执行情况进行跟踪监督，协调相关干系人的参与和对输出成果物的检查，根据合同中的约定内容，监督合同的履行和完成情况，并跟进审批和变更等流程；

（3）事后管理。对合同进行整理归档，对合同的完成情况进行后评价，为以后的项目执行提供经验或者教训。对于未履行合同约定事项甚至出现合同中止及其他重大情况的，如涉及索赔的应及时索赔，避免超过时效，导致利益受损。

第十四章　人力资源管理信息系统项目管理展望

从人力资源管理信息系统产生起，它就一直服务和致力于提高人力资源管理效能，特别是在信息技术的推动下，始终表现出创新发展的蓬勃动力。也正是因为人力资源管理信息系统不断发展，促使着人力资源管理信息系统项目管理也不断发展。适应时代要求，进行人力资源管理信息系统项目管理，必须高度关注支撑技术的发展、开发模式的发展和运行维护的发展。

一、支撑技术发展

科学技术是第一生产力。人力资源管理信息系统，本身就是技术发展的产物。支撑技术的发展，将强势推动人力资源管理信息系统及其项目管理创新发展，并指引着人力资源管理信息系统及其项目管理的发展方向。支撑技术发展示意如图 14-1 所示。

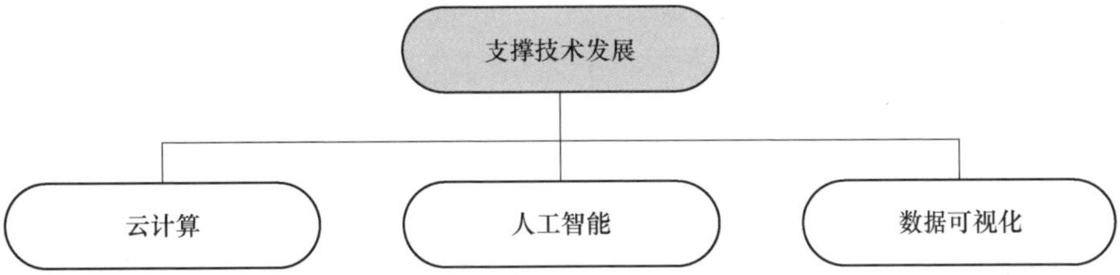

图 14-1　支撑技术发展示意图

（一）云计算

目前被大家广泛认可的是美国国家标准和技术研究院对云计算的定义：是一种按使用量付费的模式，这种模式提供可用的、便捷的、按需的网络访问，进入可配置的计算资源共享池（包括网络、服务器、存储、应用软件、服务），这些资源能够被快速提供，只需要投入很少的管理工作，或者与服务供应商进行很少的交互。云计算具有超大规模、虚拟化、安全可靠、按需分配、弹性扩展、集约化发展等特征，为云计算的快速发展奠定了强有力的基础。

云计算的应用主要有以下几个方面：一是无处不在的搜索引擎。随着互联网的发展，人们对于信息的渴求度越来越高，用户更多的是通过一键搜索来寻找想要获取的资源，输入关键字，点击一个按钮即可完成搜索，然而用户想象不到的是，这事实上是在云层面上的应用，几个键盘输入、几次点击即可获得我们想要的资源，这就是广义云计算服务的交付和使用模式。在云端，它的部署难度和可用性远远超过普通的数据中心，需要数百个、千个数据中心协同工作，这就是云数据中心的集中化处理模式。二是电子商务的广泛应用。随着淘宝、京东、当当等大型网购平台的浪潮兴起，给云计算带来了前所未有的发展契机，资源分类、卖家管理、双方沟通以及资金流转和安全保障等敏感问题，都需要电子商务平台做出最优秀的管控，如此庞大的信息量管理难度可想而知，同时还要面对“双十一”“618”等大型活动，这些都要求平台具有超强的处理能力，仅仅依靠传统的分布式计算、网格计算很难实现，云计算超强大的处理能力在电子商务上的应用完美地解决了以上问题。三是在线存储。图片、视频等大文件在进行传输交流时，通过即时软件耗时耗力，云存储替我们解决了这一问题，我们只需把需要分享的文件传输到云空间，便可随时随地下载使用。这种存储模式称为云存储服务，它是云计算的一个分支，我们现在经常使用的百度云盘、华为云盘就是由此发展而来。由此，我们再把它延伸到人力资源管理信息系统中，事业单位的数据中心往往存储量小，但每年都会有些重要的数据需要存档，仅存在本单位数据中心又担心非人为灾害导致的数据丢失，那么这时我们就可以利用私有云来解决这一问题，事业单位的重要数据定期存储在云平台内，实现数据的安全、可靠以及即时可用性。

云计算在人力资源管理信息系统开发上的应用主要从以下几个方面考虑：一是云类型的选择。云计算的类型分为公有云、私有云和混合云三种。公有云是供应商将所有资源整合到一个巨大的“资源池”中，通过云平台和网络向用户提供服务。私有云是建立在企业内部，受企业数据中心防火墙的保护。混合云则是将上述两种云混合在一起的应用方式。人力资源管理信息系统中存储着该单位所有人员的人事信息及薪资情况等信息，这些数据的重要性和隐私性是显而易见的，如果使用私有云，其信息化的采购成本也会给单位带来巨大的压力，那么混合云则是该系统最佳的选择。混合云将敏感和非敏感应用分开部署，既能够调动私有云中所有的计算、资源存储，又能够请求公有云强大的资源池来协助完成。同时混合云还可以实现海量数据的灾难转移，利用公有云海量的存储空间和安全机制，对数据进行有效存储，再利用私有云的内部架构，将公有云的数据迁回，保证任何状态下管理系统使用的连续性。二是服务形式的选择。云计算在人力资源管理信息系统中的应用可以通过以下三种形式：IaaS 基础设施即服务，它是云架构的最底层，将海量的硬件资源集中在一起，以虚拟化的形式出现，通过管理平台将所有硬件资源统一管理，虚拟出不同的系统安装不同的平台，实现资源利用最大化，突破了服务器利用率低的瓶颈。同时它还具备非常出色的扩展能力，

CPU、内存、存储、带宽的扩容与减少都可以在网站上提供的平台上操作，系统管理员只需要调整付费以及重启虚拟系统，即可完成功能的调整；PaaS 平台即服务，它处于架构的中间层，为云计算提供定制化的软件研发和部署，实现软件设计、程序开发、应用部署、项目测试等功能。PaaS 拥有了云计算的弹性动态伸缩机制，系统管理员根据需要增加或者减少使用平台的数量，在 PaaS 平台上，统一系统或者数据库可以被多个用户租用，每个用户间逻辑隔离，数据互不干扰；SaaS 软件即服务对于系统使用者来说就是最直接的落地方式，平台供应商在互联网上部署应用系统，通过浏览器向用户提供服务，管理员根据系统的需求付费获得应用的权限。系统使用者只需要一台可以连接互联网的计算机或者其他连接互联网的设备，即可实现随时随地、多点办公，大大减少了维护的难度。三是应对安全威胁的挑战。云计算带来的优势是显而易见的，它改变了传统的管理和服务模式，但是在具体使用中，也将面临着诸多挑战。首先系统开发最关注的是安全管控的挑战，这就需要一个自动的、灵活的、高效的、统一的，且通过策略驱动的智能软件管理平台，并以平台为中心扩散到数据中心所有领域，包括三大关键资源、相关可用性，以及最为重要的安全保护，软件定义数据中心会通过软件定义网络、软件定义存储、软件定义服务、软件定义安全等多方面实现数据中心安全、灵活、弹性、高效和可靠 IT 服务的云计算环境。其次是用户隐私挑战，“云”最终是要落地的，最终体验者就是用户，随着大量数据迁移到云端，用户就要对自己的隐私数据着重考虑了，一旦平台遭受危险，自己的数据是不是也会失窃。那么我们人力资源管理信息系统在选择云平台时要着重查看商家的保密资质，并签署保密协议，云平台也要保证对用户的数据进行二次加密，力保数据的安全性。

（二）人工智能

人工智能是 Artificial Intelligence 的缩写，简称为 AI，是研究、开发用于模拟、延伸和扩展人类智能的理论、方法、技术及应用系统的一门学科，涉及计算机科学、认知科学、神经生理学、仿生学、心理学、哲学、数理逻辑、信息论、控制论等多个学科，它是在这些学科研究的基础上发展起来的综合性很强的交叉性学科。人工智能首先应具备由人类设计，为人类服务，本质为计算，基础为数据的主要特征，其次要能感知环境、能产生反应，能与人交互，能与人互补的基本能力，最后还要有适应特征，有学习能力，有演化迭代，有连接扩展的基本趋势，它是以数据、算法和算力为核心驱动力和生产力，大数据是人工智能持续发展的基石，算法为人工智能应用落地提供了可靠的理论保障，算力是人工智能技术实现的保障。

目前，人工智能的理论和技术日益成熟，产业也在逐步形成、不断丰富，相应的商业模式也在持续演进和多元化。首先是自然语言的处理，就是实现人与计算机之间用自然语言进行有效通信的各种理论和方法。例如，用计算机进行外文翻译，方法是通过机器学习，让计算机帮助我们在不同的语言之间进行直接翻译。其次是语音识别，语音识别让机器能明白使用者在说什么。例如，在导航时用语音说出想要去的地方，计算机就可以直接帮助人们找到；在智能医院中，依靠大数据和人工智能技术，可以实现智能语音交互的功能，进行语音输入、病例查询等。再次是计算机视觉，可以利用摄像机和电脑代替人眼对目标进行识别、跟踪和测量，并整合成图像提供给使用者。例如人脸识别技术的应用，通过刷脸可以直接通过安检，大大提高了安检和通行效率；在智能安防中，海量的监控数据已经不能单靠人工分析来处理，利用计算机视觉技术可以根据拍摄到的人的行为特征准确识别，从而分析出利于安防的数据。

那么在人力资源管理信息系统中人工智能又能发挥哪些作用呢？人力资源管理信息系统是事业单位管理的重要环节，一个科学合理、公平公正的人力资源管理可以帮助事业单位提高人力资源管理的工作效益。传统的人力资源管理方式需要耗费大量的人力，所有的环节都需要凭借人工完成，很容易使考核结果带有主观性，人工智能的发展给事业单位的人力资源管理带来了希望。未来，人工智能将会在人力资源管理信息系统中得到应用，使人的管理更加客观、公正。例如，人工智能的大数据功能可以将所有职工的出勤打卡情况、绩效完成情况、年度考核情况、薪资调整等信息记录下来，无论是季度考评还是按年度考评，人工智能管理平台都可以将相关数据调出进行比较，客观地确定职工在一段时间内的工作业绩，这样不仅能避免人际关系、记忆偏差等人为因素的干扰，还可以在年终评比中公布每个人的工作状况，保持绩效评价的公平公正。

未来事业单位的职工在上班时会遇到智能打卡机器人。例如，在管理出勤率时，可利用机器人为职工打卡考勤。这样具有初级人工智能的考勤机器人配备了多种传感器，可以对职工的身份甚至情绪状态进行识别。考勤过程中，当职工正面靠近机器人时，机器人就会用语音和动作主动问好，并通过摄像头获取人脸信息，与主体或者云端保存的人脸库进行对比，识别身份后将边在屏幕显示员工信息，边语音提示“某某，早上好”，甚至还可以贴心地询问“您今天好像非常开心，有喜事吗？”“没关系吧？您今天看起来有些憔悴”等，这样的机器人还可以根据对比评价，筛选出有情绪问题并需要加以注意的职工，将情绪资料发给相关科室，并由相关科室对情况有问题的职工加以心理疏导，避免他们在工作中发生错误，造成不必要的失误。

（三）数据可视化

数据永远是枯燥的，而图形图像却是生动形象的，数据可视化是一门关于数据视觉表现形式的科学技术研究，它不仅将已知数据之间的规律展示给用户，并且帮助用户通过认知数据，去挖掘数据所反映的实质，它让大数据更有意义，更贴近大多数人，因此大数据可视化是艺术与技术的结合。数据可视化与传统的立体建模之类的特殊技术方法相比，所涵盖的技术方法要广泛得多，涉及计算机视觉、图像处理、计算机辅助设计和计算机图形学等领域，逐渐成为一项研究数据表示、数据综合处理、决策分析等问题的综合技术。

数据可视化的标准通常有以下几点：一是实用性，衡量数据实用性的主要参照是要满足使用者的需求，需要清楚地知道这些数据是不是人们想要了解的、与他们切身信息是否相关。如气象数据可视化就是一个与人们息息相关的事情，其实用性也是一个较为重要的评价标准，它是一个主观的指标，也是评价系统中不可忽略的一环；二是完整性，衡量数据完整性的重要指标数据是否能够帮助使用者全面而完整地理解数据的信息。其中包含要呈现的是什么样的数据、该数据的背景如何、数据的来源、数据的使用者、数据要起到的作用和效果、是针对一个活动的分析还是针对一个发展阶段的分析、是研究用户还是研究销量等；三是真实性，可视化真实性考量的是信息传达的准确率和可靠的依据。如果信息能够让人产生信服且表达精准，那么它的准确度就达标了，否则该数据的可视化工作将不被人信服，在实际使用中必须确保数据的真实性；四是艺术性，可视化的数据应当具有艺术性，符合审美标准。不美观的数据图无法吸引读者的注意力，美观的数据图则能够吸引读者的兴趣，提供良好的阅读体验。有一些信息容易被使用者忽略，将这些信息做成有创意的可视化数据，刺激使用者的感官体验，从而帮助使用者尽快提取相关信息；五是交互性，它能够实现用户与数据的交互，方便用户控制数据。在数据可视化的使用中，应多采用常规图表，并站在使用者的角度上，在系统中加入符合用户思考方式的交互操作，让大众用户也可以真正地和数据对话，探寻数据对业务的价值。

目前大数据的可视化应用十分广泛，从政府机构到金融机构，从医学到工业，以及电子商务行业都有数据可视化的身影。近两年，数据可视化在人力资源管理信息系统中应用的案例逐渐增多，通过数据可视化的应用，可以实现事业单位人力资源的有效治理，及时、高效、准确的运用可视化数据分析决策，解决数据晦涩难懂等问题。但与此同时，数据可视化也面临着巨大的挑战，主要有可视化分析过程中数据的呈现方式，包括可视化技术和信息可视化显示，以及可感知的交互的扩展。由于当前大多数大数据可视化工具在扩展性、功能和相应时间上表现得非常糟糕，因此大规模数据和高维度数据会使可视化变得困难，从而带来数据分析中的不确定性。可视化数据在我们开发人力资源管理信息系统时，要遵循以下几点：一是正确认识大数据可视化的意义。要重视数据可视化的作用，但也不可太依赖数据可视化。在对数据的使用中，并不是所有的数据都需要用可视化的方法来表达它的消息，在实际应用中，应以使用者的需求为第一要素，而不是盲目的进行数据可视化；二是重视数据的质量。数据可视化呈现的数据应当是干净的、真实的，因此通过数据治理或者信息管理确保干净的数据十分必要，要遵从数据可视化的设计原则，并确保数据来源的真实性和合理性；三是改善数据可视化的硬件条件。数据可视化对硬件平台要求较高，因此在实施中应极力改善硬件条件，如可以尝试增加内存和提高并行处理的能力。此外，在构建大数据平台时应当选择合适的架构，以便数据可视化的实现。

二、开发模式发展

人力资源管理信息系统项目管理的发展，与信息系统开发模式的发展紧密关联，新的开发模式能够进一步提高信息系统开发效率，缩短项目管理进度，甚至影响项目管理的整个过程。开发模式发展示意如图 14-2 所示。

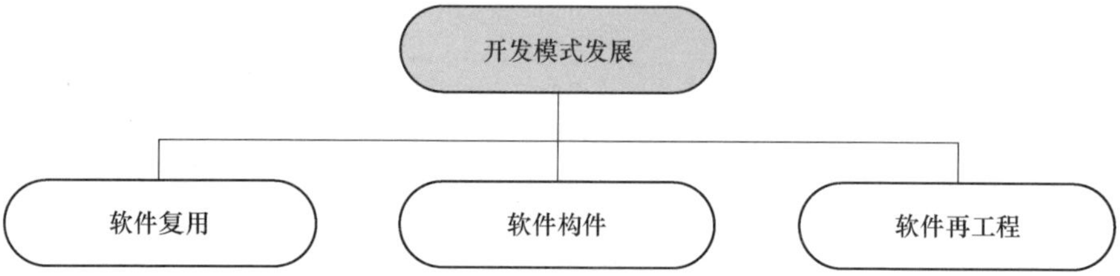

图 14-2　开发模式发展示意图

（一）软件复用

软件复用是将已有软件的各种有关知识用于建立新的软件，以缩减软件开发和维护的费用。目前软件开发业内最有可能复用的软件制品主要包括：数据复用，它涉及数据格式的标准化，在设计可复用的功能时一个标准的数据交换格式是非常重要的；体系结构复用，这意味着开发一套与软件逻辑结构相关的设计风格的一组功能元素，并在新系统中复用这些元素；设计复用，它涉及抽象设计的复用，对选择的抽象设计进行定制，以满足应用需求；程序复用，主要指复用可执行代码，例如，在数据库管理系统中，可以复用原本作为文本处理工具而开发的模拟匹配系统。

软件复用有诸多优势，最明显的优势是经济效益，如果现有的资产被复用，项目就会变得更具有成本效益。复用增加了软件的可靠性，由于复用的软件被广泛使用过，它前期暴露的软件缺陷已被修复；同时也降低了过程风险，提高了生产率。软件通过复用减少了许多不确定因素，大大降低了信息系统项目本身的固有风险；对于合理的复用，找到复用组件及对它的调整所花费的时间远远小于开发新组件所需的时间，软件工程师在规约、设计、实施和测试等活动会花费更少的时间和精力，更快更好地完成任务。

软件复用可分为主动型、反应型和提取型，依据软件复用的预算投入选择适合的复用类型。以主动型方式开发的复用软件，系统的设计和实施要考虑所有可能的变化，其中就包括复用资产的设计，针对产品线的主动型开发方式，就像针对传统软件的瀑布模型，产品线开发又被称为领域工程，是指“为复用而开发”的过程，以生产可复用的软件资产（RSA），组织采用这种方法可以准确地估计产品线的长远需求。然而，如果未来的产品需求不符合预期的需求，这种方法就会面临投资失败的风险。在反应型方法中，当开发产品时，如果出现复用机会就可以进行可复用软件的开发，这种方法可以在下列情况中使用：（1）很难对产品变化的需求进行长期预测；（2）机构需要保持一个积极的生产计划，没有太多的资源来开发可复用资产。提取型方式介于主动型和反应型之间。在制定一个领域工程的初期，可以采用提取型方式复用一些操作性较强的软件产品，是一种能够迅速地从传统方式转移到领域工程的复用方式。

人力资源管理信息系统的开发可以利用软件复用来实现，既节省时间又能达到最大经济效益，在软件复用过程中，需要解决大量的技术和非技术问题，任何一个成功的软件复用都是充满风险的，不存在所有使用者都可以遵循的通用方案，与此同时，使用者在复用软件时要分析自己的需求，度量在复用中的有效性、确定的预期收益，提前发现并消除可能产生的复用风险，实现人力资源管理信息系统的复用可以通过几个步骤快速实现：用产品线方法开发软件；开发软件体系结构，使数据格式和产品接口标准化；为产品线开发通用软件体系结构；采用商用货架组件；对可复用组件进行领域建模；遵循软件复用的方法和度量过程；确保管理层在技术和非技术层面上了解复用的问题；通过工具和方法支持复用；高级管理层倡导复用，以此支持复用；除了复用代码，可以尝试需求复用和设计复用。在软件复用实施过程中仍然存在一些影响因素，如管理因素，软件复用是要高层管理人员的支持，因为它会涉及资金的组织和管理结构的变化；法律因素，软件复用与文化、政治、社会有关，它会涉及所有权和版权问题、可复用软件的义务和责任、涉及复用的合同要求，以及第三方软件的使用等；经济因素，只要能够产生经济效益的软件复用才是成功的；技术因素，它受从事程序库开发、面对对象的开发以及领域工程研究人员的积极关注，开发人员多渠道收集复用软件形成软件库，并且为使用者提供搜索接口，将节省很多软件复用的资源搜寻，为软件复用提供快速便捷的入口。

（二）软件构件

随着软件系统复杂性的不断增长、软件从业人员的频繁流动和同行之间的激烈竞争迫使软件企业在提高信息系统质量、积累固化知识财富的同时，尽可能地缩短软件产品的交付时间。软件构件就是在这一背景下应运而生，以软件构架为组装蓝图，以可复用软件构件为组装预制块，支持组装式软件复用，实现软件生产效率和产品质量的提高、减轻人员流动的副作用、缩短产品交付时间等实际问题。软件构件具有可定制、可集成、连接机制等特点，主要面向软件体系架构的可复用软件模块，它的可用性、适应性与可移植性极强。即插即用是软件构件的核心，它通过软部件的组合来建立应用技术体系，构件技术必须遵循一个外部的二进制标准，但是他们的内部实现却是没有限制的，可以用支持指针操作的任何语言来实现。从广义上说，软件构件是一种定义良好的、独立可用的二进制代码，包括功能模块的拓展、被封装的对象类或者软件框架和软件系统模型等。

软件构件模型是新一代软件技术发展的标志，它的提出很自然，为了提高软件生产力、不草率地开发应用程序，设计开发人员尽可能地利用可重用的软件构件，组装构造新的应用软件系统。这一特征对于创新人力资源管理信息系统来说，具有极大的优势，我们可以站在前人开发的基础上，重用已开发软件的功能模块，使得系统易于调试和集成，提高人力资源管理信息系统的健壮性，缩短了开发周期，避免了重复编程，是现代编程中的便捷化形式。人力资源管理信息系统在开发的时候可以分为若干个子系统、若干个模块来组织，通过若干个功能模块组合完成一个复杂系统的开发。这些分解出来的模块具有通用性，它按照一定的规范进行封装后形成构件，在其他系统开发时也可重新被重用。利用软件构件的模式能够降低软件开发的难度，与此同时还能够确保系统的稳定性和可维护性。

一个软件构件在设计时，不是为了某一个软件系统而特制的，它可以被多个软件系统共享。因此，从领域分析、设计到构件提取、描述、认证、测试、分类、入库等，都必须围绕着可共享的目的而进行。人力资源管理信息系统的软件构件在设计时，要秉承这一原则，遵循以下准则：（1）为增强构件的可重用性，需要提高抽象的级别，以便充分利用构件的继承特性；（2）增加可理解性、易读性、易修改性，构件的设计应有很好地与语义有关的界面，并有完整、正确、容易使用的文档，以利修正、扩充和完善构件的功能；（3）构件内必须具有很高的内聚度，构件间必须有很低的耦合度；（4）构件要有较强的分解力，既能被方便的集成，也能针对不同的应用，具有灵活的可分解性，因而需要将构件可变部分数据化、参数化、以适合不同的应用；（5）有较强的向下兼容能力，构件库必须具有较强的版本控制能力，以利于构件升级；（6）有较强的演化能力，数据与其结构封装在一起，数据应存放在数据构件对象中，能主动解释其结构，这是构件间交互和集成的基础；（7）有用性，构件必须提供有用的功能；（8）可用性，构件必须易于理解和使用；（9）构件及其变形必须能正确工作；

(10) 适应性，构件应该易于通过参数化等方式在不同语境中进行配置；
(11) 可移植性，构件应能在不同的硬件运行平台和软件环境中工作。

下面我们就例举目前常用的构件模型之一 JavaBeans 构件，在设计开发人力资源管理信息系统的软件构件时，可以参照使用。JavaBeans 是 SUN 公司提出的一种构件规范，遵从该规范编写的构件称为 JavaBean。Java 构件在程序设计语言中是以 Java 类的形式变现的，因此从语言表现形式的角度上看，Java 构件和一般的类并没有本质区别。所不同的是，构件中具有一些与支持构件模型有关的属性。JavaBeans 本质上就是 Java 类，因而 Java 类的实例化以及调用方式也适用于 JavaBeans，而且几乎任何由 Java 类实现的模块都可以被封装成 JavaBean，区别是，JavaBeans 规范使得由 Java 类封装而成的构件能够被可视化地操作和配置。JavaBeans 将构件的实现分为属性、方法和事件三部分。这里所说的方法和类方法是同一概念，事件是构件所能激发的、由 JavaBeans 的相应的规范来定义的类，属性等同于面向对象中类的属性，但它需要有特别的命名法则以保证能被管理工具所提取和表示。

(三) 软件再工程

软件再工程是对软件系统的审查、分析和重组，并将其重建和重实现为新形式系统的过程。通过软件再工程可以实现软件系统制品的规范化和文档化，同时也能够改进系统的功能和质量属性。从根本上来说，在一个可使用的系统基础上生成新系统，其目的是获得具有更高质量要素的目标系统。理想的信息系统质量要素包括可靠性、正确性、完整性、效率、可维护性、可用性、灵活性、可测试性、互操作性、可复用性及可移植性。简而言之，软件再工程是为了将现有的“不良”系统转换成一个“良好”系统。当然，在这个转换过程中也会存在一定的危险，比如目标系统可能不具备与既存系统相同的功能；或者目标系统的质量与原始系统相比有所降低等。

将软件再工程技术运用到人力资源管理信息系统的开发维护上，可以改进系统的可维护性、改善软件的质量，利用新技术对系统进行迁移，以增强系统的功能。人力资源管理信息系统随着使用的不断推广、系统的持续演化，实施会变得更加困难和耗时，维护成本也会随之增加，因此，从长远来看，再工程的运用是不可避免的，重新设计之后的系统，其接口会更加明确，功能模块相关性也更高。系统为了与运行环境相兼容，要求程序要持续更新，否则在使用性能上将不符合要求。在快节奏的技术行业中，新的执行平台有时成本更低，与旧系统在兼容性上可能存在巨大问题。系统的演化会使工程师的专业知识向更新的技术迁移，维护旧系统的人员数量会减少，为了满足持续运行的软件性能，都会将旧系统向新的操作系统、平台上迁移。然而随着时间的推移，用户也会提出越来越多的要求修改系统，每次的系统变更都会引起“连锁反应”，这意味着每一次变更都会带来更多需要修复的问题，系统因维护活动被持续修改，软件的可靠性会逐渐降低甚至不被接受，因此，通过运用软件再工程技术实现系统的高可靠性。所有的程序功能都是有限的，程序的功能会被限制到一个有限选集中，但是功能的集合是无限的，一般来说，再工程技术并非是为了支持更多的系统功能，而是一个为了增强系统功能的准备阶段，例如，目标是把程序从过程型转换成面向对象型，从而得到一个 Client/Server 结构，则要同时规划用一种使系统更容易更改的语言来降低维护成本。

清晰地理解软件开发过程有助于相关人员制定再工程计划。软件开发的一些概念对于软件再工程来说非常重要。例如，抽象和求精是软件开发使用的关键概念，他们在再工程中也同样有用，回想一下，抽象通过聚焦系统的重要信息，暂时隐藏无关细节，降低软件维护人员理解系统的复杂性，而求精恰好和抽象相反。抽象原则通过用抽象信息不断替换详细信息，可以逐渐提高系统表示的抽象级别，借助抽象，可以隐藏其他特性的信息，得到一个聚焦所选系统特性的视图。系统在某些方面不断替换抽象信息得到详细的信息，借助求精原则可以逐渐降低系统表示的抽象级别。新软件在设计时是自上而下创建的，这种自上而下的开发过程被称为“正向工程”。正向工程遵循的活动顺序是：表达系统概念—确定需求—设计系统—实现设计。沿着抽象层级向上移动的过程被称为“逆向工程”。软件逆向工程包括几个步骤：首先是分析软件以确定组件及各组件之间的关系；而后是以更高抽象级别或者另一种形式表示系统。

再工程过程以系统的既有代码为输入，生成再生系统的代码。过程可能简单到用一个工具将源代码从给定语言翻译为采用另一种语言编写的源代码；过程也可能会十分复杂，如根据既有源代码重新创建设计—获得再工程系统的需求—比较既有需求与新需求—去掉再生系统中不再需要的需求—给出目标系统的新设计—对新系统进行编码。如图 14-3 建立在软件开发的不同抽象级别基础上，描述了再工程所有抽象级别的过程。该模型最初由 Eric J. Byrne 提出。该模型表示，再工程是根据三项原则建立的一个序列，序列由逆向工程、再设计和正向工程共三个活动组成，而三项原则分别为抽象、变更和求精。

三、运行维护发展

运行维护既包括确保信息系统正常运行的日常维护，又包括紧跟用户需求变化的优化调整。运行维护的发展，也将会对人力资源管理信息系统项目管理的发展造成影响。运行维护发展示意如图 14-4 所示。

（一）软件系统的演化

1965 年，马克·哈尔彭（Mark Halpern）提出了“演化”的概念，用于描述

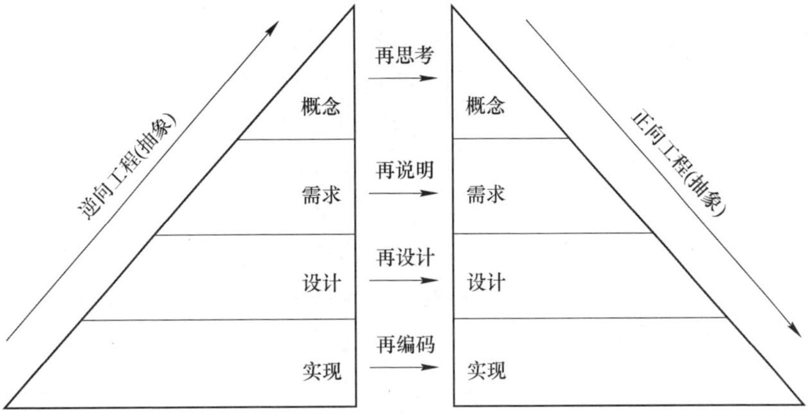

图 14-3　再工程抽象级别过程示意图

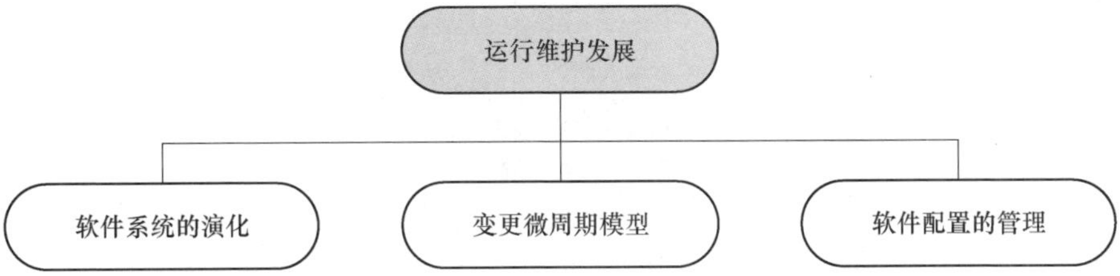

图 14-4　运行维护发展示意图

软件的动态发展。20 世纪 80 年代，在 M. M. Lehman 就某些类型的软件系统如何演化提出 8 条原则之后，这个词便受到广泛关注。本内特和拉伊利赫研究了“软件演化”的术语，但并未找到被普遍接受的定义。然而，一些研究人员和从业者却用此术语来代替术语“软件维护”。洛厄尔·杰伊·亚瑟（Lowell Jay Arthur）对这两个术语的区分如下：

维护的目的是保持软件不发生衰退或者故障。“维护”表示一切交付后的支持，而用“演化”表示完善性修改——由变化而触发的修改。奈德·查宾（Ned Chapin）对软件演化的定义如下：对软件维护活动和过程、相关质量保证活动和过程的应用，以及活动和过程的管理，这种活动应用于在之前的操作版本基础上生成的一个客户能感受到的功能性或者属性已更改的新操作软件版本，两个版本之间的时间间隔可能从不足 1 分钟到数十年不等。

大多数软件维护变更演化都是由用户的需求变更引起的。利益相关者期望软件演化具有如下关键特征：（1）高效和快速地实现变更；（2）变更不会降低软件的稳定性；（3）变更不会降低系统的可维护性，否则后续变更花费很大。

目前，研究软件演化的主流方法，主要是解释性方法、过程改进方法。这两种方法互为补充，分别研究软件演化的内容和方式。其中，解释性方法：此方法试图解释软件演化的原因、所采用的过程及软件演化的效果。解释性方法从科学的角度研究演化现象的性质，力求了解其驱动因素和影响。过程改进方法：此方法试图通过开发更好的方法和工具来管理软件演化的效果。过程改进法从工程设计的角度研究演化。此方法为软件演化的指导、实现和控制提供技术支持。工具和活动是过程改进法的核心。

自 20 世纪 70 年代以来，M. M. Lehman 假设了 8 条定律，用于解释关于 E 型软件系统演化的一些关键观察结果。这些定律从 1974 年的 3 条发展到 1997 年的 8 条，如图 14-5 所示。这 8 条定律是对大型专有软件（闭源代码软件 CSS）在不同公司设置下的演化进行实证研究的结果。它们主要与完善性维护有关，并且在很大程度上以存在于软件环境中的反馈为基础。这些定律的现象描述是相互交错的，不能分开单独研究。除了表示形成的顺序，定律的编号无其他意义。

定律名称	简要说明
1. 持续变更（1974 年）	E 型程序必须持续调整以适应各种变化，否则这些软件将变得越来越不令人满意
2. 复杂性增长（1974 年）	随着 E 型程序的演化，其复杂度会增加，除非采取措施来保持或者降低程序的复杂度
3. 自我调节（1974 年）	E 型系统在演化过程中可以自我调节产品分布和过程测量以接近正常状态
4. 组织稳定性守恒（1978 年）	在一个演化的 E 型程序中，总体平均有效活动率在产品的生命周期内是不变的
5. 熟悉度守恒（1978 年）	在 E 型系统地演化过程中，平均增长值是恒定的
6. 持续增长（1991 年）	为了保持程序在整个生命周期中的用户满意度，必须持续增加 E 型程序的功能内容
7. 质量下降（1996 年）	如果 E 型程序未保持与其环境相适应，利益相关者会察觉到其质量下降
8. 反馈系统（1971~1996 年）	E 型程序的演化过程由多智能体、多层次、多回路反馈系统构成

图 14-5　软件系统演化示意图

（二）变更微周期模型

软件变更是软件演化和维护的基础元素。让我们再次回顾一下软件演化的第一定律：“一个程序要么进行持续的变更，要么有用性变得越来越差。变更过程一直持续，直到用一个重新创建的版本替代现有版本。”CSS 分阶段模型是基于软件变更的基本前提。根据软件变更的难度不同，可以区分演化和维修两个阶段。演化阶段可以进行大量的软件变更，而维修阶段的软件只允许进行有限的变更。要注意的是演化和维修阶段均使用迭代修改作为其基本组成部分。

软件变更过程可能将新需求引入已有系统中。另外，如果没有正确实现需求可能就需要对软件系统进行变更。为了处理这一问题，Yau 等人在 20 世纪 70 年代后期提出了变更微周期模型，Bennet 和 Mens 等研究者重新提及了该模型。变更微周期模型由 5 个主要阶段构成：变更需求（CR）、分析和计划变更、实现变更、验证和确认、文档变更。在这个模型中，有一些新的重要活动，它们反映了“软件的变更极少是孤立的”这一事实。变更影响分析和变更传播等就是这样的新活动，这些活动仍旧是研究热点。

变更需求。需求变更通常来自管理者、软件使用者或者客户。一个需求变更有两种形式：缺陷报告（defectreport）和增强需求（enhancementrequest）。缺陷报告描述了缺陷及与需求不符的软件系统行为。增强需求描述了对需求、功能或者系统质量的改变。以上两种要素很早就引起了研究者的关注，具体可以追溯到 1972 年 Canning 发表的文章《Thatmaintenance “iceberg”》。根据文章所述，研究者所说的软件维护狭义理解就是改正错误，广义理解就是增强和扩大软件功能。在本书中，需求变更指的就是以上两种观点。变更需求文档必须捕捉软件、硬件和文档变更的最小信息集合。

分析和计划变更。在第二阶段中，维护会进行程序理解和影响分析。程序理解对理解软件中的哪些部分受需求变更影响至关重要。本质上讲程序理解是从源代码中获取有用信息概念是能够被人类思维所处理的知识的码中获取有用信息（一个特定领域概念在源码中的位置）的过程。可能需要修集合。例如，假设需求变更是“在 ATM 系统中添加 Chautauqua 银行发行的借记卡的支付功能”。为了实现这一修改，维护人员必须找到实现需求变更的“借记卡”“支付”“发行”等概念的系统元素，也就是识别被认为率先受变更需求影响的系统组件。识别的系统组件称为初始影响集（Starting Impact Set，SIS）。

影响分析被用来识别变更的潜在效果，并估计完成变更所需的资源。通过影响分析，维护人员可以分析软件系统，识别被变更需求影响的组件。在分析中，维护人员应首先判断 SIS 邻近的组件是否因为波及效应也需要被修改。如果 SIS 邻近的组件需要被修改就将它们加入这个集合。对于新添加的组件，需要继续识别它的哪些邻近组件需要被修改并加入集合中。重复识别需要修改的新组件，直到发现一次修改不会影响新的邻近组件。最后得到的要被修改的组件集称为估计影响集（Estimated Impact Set，EIS）。影响分析的目标如下：

根据由程序理解活动识别出的 SIS，确定受影响的系统组件集。软件开发人员使用影响分析的信息来计划如何实现变更需求。而且，影响分析目标是尽量减少变更带来的未知的副作用。副作用是指由软件修改所引起的错误或者非预期行为。

实现变更。实施变更是在确定变更可行后进行的。然而在实施变更之前，为了适应修改请求，需要进行软件的重组或者重构。重组是重构在面向对象方面的变体。软件维护经常需要重组；否则系统的结构性会变差。重组是一种以理解和变更为目标的恢复手段，当修改发生时，重组的产品不容易产生错误。重构能在不改变软件行为的情况下改善软件结构。

实施变更包含很多步骤，每一个步骤都关系着重组完成后的一个特定的软件组件。如果一个组件被改变了，它可能就不再和与之交互的软件有兼容。因此，必须在交互组件中进行一些不必要的更改，从而在整个系统中产生波及效应。上述活动，通常被称为变更传播活动。变更传播活动能够确保一个组件的修改完全反映在整个系统中。

验证和确认。在这一阶段中，软件系统被验证和确认以确保系统的完整性没有改变。阶段活动包括代码审查、回归测试和执行必要的新测试。回归测试包括单元测试、集成测试和系统测试。如果测试结果不能让人满意，则需要拒绝变更请求并执行进一步的变更。

文档变更。变更微周期的最后一个阶段是更新程序文档。更新的文档包括需求、功能、设计，并且这些文档要和代码一致。另外，用户手册和安装、故障排除指南也要更新。

（三）软件配置的管理

人力资源管理信息系统作为一个大型、复杂的系统，比相对小的系统变化更多，它的系统变更管理十分重要，依据软件工程师提出的 CM（配置管理）概念来管理大型系统的变更。CM 的目标是管理和控制系统生命周期的修正、扩展和适应活动，它控制产品元素的修改。软件配置管理（Software Configuration Management，SCM）应用于软件产品。产品元素包括文档、可执行文件、软件源代码、硬件和磁盘。SCM 有两点好处，首先它确保了开发过程的可追溯和系统化，因此，所有变更都能被管理，结果就是产品总处于一个较好的定义状态；其次是 SCM 提高了已发布系统的质量和维护人员的生产率。

CM 是软件开发和维护环境至关重要的部分，它确保了发布系统不被未受控和未经批准的变更所影响。SCM 的目的，一是标识每个软件在不同时间点的版本，二是保留旧版本的文档和软件，三是提供所有修改的审计跟踪记录，三是在整个信息系统生命周期中，保持系统变更的可追溯性和完整性。

可见，SCM 有利于减少系统冲突，建立系统秩序；有利于有组织地开展必要活动以保持产品的完整性；有利于确保正确的产品配置；有利于确保信息系统质量，较高质量的软件将花费较少的维护成本；有利于提高了生产率，因为分析人员和开发人员知道在哪里找到软件相应的部分；有利于降低生命周期成本。

软件产品逐渐成为配置控制的候选者，这就产生了管理用户工作区的需求，这个工作区得到了较新的 SCM 系统支持。20 世纪 80 年代，研究人员开发了基于文本匹配的增量算法，SCM 工具能够仅存储版本之间的差异，而不是存储软件产品的整个版本。20 世纪 90 年代，开发人员对管理非文本对象的需求量变大，因此，研究人员开发了能够有效存储和检索非文本对象的新算法。到 21 世纪后，存储磁盘变得廉价，CPU 变的快速，非文本对象变的普通，delta 存储也就不再重要，许多新工具简单地使用压缩，如 zip 文件。近期，SCM 系统能够管理由不同国家的大量维护人员使用各种机器对大型软件系统的演化。

理解 SCM 和在实践中成功应用 SCM 之间有很大差距。与大型信息系统项目相似，规划对于 SCM 的成功应用至关重要。通过规划，配置管理组织可以建立配置基线。建立基线是给定的可配置项目在标准位置公开提供给被授权者的过程。识别初始配置之后，调用配置控制，发现 SCM 的活动主要由三部分组成：规划、建立基线及控制、文档和审计。

规划包括两个活动：一是确定 SCM 流程；二是建立控制和记录变更的程序。规划期间的关键步骤是识别利益相关者。所有影响系统行为的人和所有受系统影响的人都是系统的利益相关者。SCM 的利益相关者是维护人员、开发工程师、维护测试工程师、质量保证审计人员、用户和管理层。利益相关者也称为配置控制委员会（CCB）成员。并非所有变更都由高层管理者审核。相反，小团队审核并批准大部分的变更。因此，在规划阶段需要确定这些群体。使用各种 SCM 工具维持配置历史并促进 SCM 过程。

建立基线。一旦 SCM 规划到位，下一步就是确定作为配置控制对象的项目。这些项目的一些示例是代码、数据和文档。识别配置元素后，建立软件基线库使得该组配置元素公开可用。库（也称存储库）是 SCM 系统的核心。存储库处于中心位置并包含已公开的所有配置。

参考文献

[1] 项目管理协会. 项目管理知识体系指南（PMBOK 指南）[M]. 6 版. 卢有杰、王勇，译. 北京：电子工业出版社，2018.

[2] 柳纯录，杨鹏. 信息系统项目管理师教程 [M]. 3 版. 北京：清华大学出版社，2017.

[3] 廖挺. 如何设置政府采购绩效管理评价指标和构建绩效管理体系 [J]. 中国政府采购，2018（10）：36-41.

[4] 刘仲刚. IT 项目采购与合同管理 [M]. 北京：清华大学出版社，2017.

[5] 张有生，吴旭东. 信息系统项目管理教程 [M]. 北京：清华大学出版社，2012.

[6] 骆珣. 项目管理教程 [M]. 北京：机械工程出版社，2011.

[7] 中国质量协会. 六西格玛管理 [M]. 3 版. 北京：中国人民大学出版社，2014.

[8] 杰弗里宾图，鲁耀斌，赵玲. 项目管理 [M]. 北京：机械工业出版社，2010.

[9] 凯西·施瓦尔贝. IT 项目管理 [M]. 杨坤，王玉，译. 6 版. 北京：机械工业出版社，2011.

[10] 郭文臣. 管理沟通 [M]. 北京：清华大学出版社，2010.

[11] [美] Project Management Institute. 项目管理知识体系指南（PMBOK 指南）[M]. 北京：电子工业出版社，2013.

[12] 张笑康. 科技外包合同管理的风险防范 [J]. 中国农村金融，2014（19）：38-39.

[13] 龚银锋. 软件项目成本估算研究 [J]. 软件导刊，2014，1（13）：20-22.

[14] 赵欣，张忠能. IT 项目成本管理方法分析研究 [J]. 微型电脑应用，2015（3）：38-41.

[15] 王杨. 探析软件开发项目的成本控制对策 [J]. 中国总会计师，2015（5）：126-127.

[16] 陈建霞. 软件开发的成本核算与有效控制 [J]. 财会学习，2016（24）：93

[17] 李坚. 嵌入式软件的质量管理 [J]. 数字技术与应用，2015（12）：250，252.

[18] 赵瑞刚. 软件工程项目质量管理研究 [J]. 中国管理信息化，2020，23（20）：126-127.

[19] 弋强. 软件项目设计阶段质量管理研究 [J]. 现代工业经济和信息化，2020，10（5）：103-104，146.

[20] 黄晓丽，闫卓，司静波. 浅谈工程项目管理中的人力资源管理 [J]. 北方经贸，2009（1）：116-121.

[21] 郭立丽. 浅论项目管理中的人员配置 [J]. 长沙民政职业技术学院学报，2012，6：61-63.

[22] 杜春荣，王要武. 基于项目干系人的管理策略 [J]. 低温建筑技术，2011，19（2）：116-118.

[23] 赵敏，王成科. 从组织行为学视角看项目管理中的人力资源管理 [J]. 项目管理技术，2016（6）：65-68.

[24] 陈万明，张晔林. 项目管理中的人力资源管理 [J]. 现代管理科学，2012，23（8）：11-15.

[25] 张晶. 试论项目团队人力资源冲突管理 [J]. 青海社会科学，2012，13（5）：19-22.

[26] 刘向民. 沟通管理在 IT 项目管理中的应用 [J]. 中国金融电脑，2012（4）：73-76.

[27] 杨凤影，宋震. 管理沟通理论各发展阶段的特征与趋势概述 [J]. 物流科技，2012，35（2）：118-120.

［28］张迪．基于软件开发项目管理平台的有效沟通管理［J］．智能城市，2016，2（3）：38-39.

［29］张喜瑞．政府信息化项目中的风险管理研究［J］．中国管理信息化，2015，18（12）：239-240.

［30］黄宏胜．企业项目管理中的风险管理问题［J］．中国商论，2020（5）：220-221.

［31］王利．浅析建筑工程项目风险管理的研究［J］．建筑技术开发，2019（1）：204-208.

［32］梁海玲，任海艳，杨国欣．企业信息化项目建设风险管控分析［J］．低碳世界，2018（4）：299-300.

［33］张慈．浅谈信息系统项目管理中的风险管理［J］．计算机产品与流通，2019（2）：131.

［34］闫冬冬，操霞玲．关于政府部门信息化项目管理的探讨与建议［J］．信息系统工程，2014（9）：44-45.

［35］魏湘辉．风险管理在企业信息化系统项目建设中的应用［J］．现代商业，2020（3）：151-153.

［36］樊钊甫．工程项目实施过程中的风险管理问题研究［J］．建筑安全，2019（1）：38-40.

［37］王晓峰，齐立纲．大型涉密项目管理风险应对［J］．新经济导刊，2018（5）：65-66.